강력한 브랜드를 branding 디자인하는 방법

First Published in the
United Kingdom in 2003 by
Cassell Illustrated

역자서문
Preface

이 책은 브랜드 전략에 관한 친절한 실행서이다. 그동안 많은 책들이 브랜드에 관한 이론을 정리하고 소개하는 역할을 충실히 수행하였다. 그러나 이 책은 글로벌 리딩 브랜드들의 역사와 그 과정들을 살피는 과정을 통하여 실질적인 아이디어를 제공하고 있다. 다시 말해 이제까지 국내에 소개된 많은 브랜드 관련 책들이 '브랜드는 무엇인가' 에 관한 것이었다면, 이 책은 '브랜드를 어떻게 만들고 가꿀 것인가' 에 관한 실질적이며 구체적인 방법들에 관한 안내서이다.

2년 전 국내의 K 그룹에 관한 브랜드 컨설팅을 위해 여러 자료를 수집하고 정리하던 중에 이 책을 처음 접하게 되었다. 단순히 여기에 소개된 실행 아이디어를 그대로 적용할 수는 없었지만, 응용할 수 있는 많은 아이디어에 대한 영감을 얻을 수 있었다. 내게는 참으로 유용한 책이었다. 그 후 여러 기업의 브랜드 컨설팅을 하면서 또 브랜드 매니저들과의 미팅에서 늘 부딪히는 것은 '어떻게 할 것인가' 에 관한 방법의 문제였다. 그들은 이제 이론에 대해서는 어느 정도 이해하고 있었고 실행에 옮기고자 하는 열망에 사로잡혀 있었다. 그리고 그들의 열망에 대한 갈증을 해소 해 주고 싶은 생각에 많이 안타까웠다. 브랜드는 저마다의 운명이 있다. 어떤 브랜드가 특정한 실행 아이템으로 성공하였다고 할지라도, 다른 브랜드가 그것을 그대로 적용할 수 없는 것이 브랜딩이다. 왜냐하면 서로의 태생이 다르기 때문이다. 그리고 가야 할 길도 다르기 때문이다. 어떤 나무는 날마다 물을 주어야 무럭무럭 자라날 수 있지만, 어떤 나무에게는 그것은 뿌리를 썩게 하는 치명적인 원인이 되는 것과 마찬가지이다.

나는 브랜드 매니저 또는 브랜드 매니저를 꿈꾸는 이들의 갈증을 해소할 방법이 무엇일까에 대해 고민했다. 그러던 중 이 책을 소개하는 것이 이러한 갈증을 조금이나마 해결할 수 있지 않을까 하는 바람을 갖게 되었다. 부지런히 서둔다고 했는데도 이제야 소개하게 되어 참으로 미안한 마음이다.

브랜드에 물을 주고 거름을 주고 날마다 애정으로 키워내는 이들이 이 책을 통해 실질적인 아이디어를 얻을 수 있는 계기가 되었으면 한다. 브랜드는 훌륭한 전략만으로 만들어지는 것이 아니다. 실행에 옮길 수 없는 전략은 죽어있는 것과 마찬가지이다. 따라서 브랜드 전략은 전략팀만의 과제가 아니다. 브랜드 전략을 소비자와 커뮤니케이션 할 수 있는 요소들 즉, 컬러, 로고, 네임, 타이포그래피, 카피, 광고 디자인 등으로 창조해내는 이 땅의 크리에이터들에게 브랜드의 운명이 달려있다. 크리에이터들이여! 이제 브랜드 미래를 짊어진 전사로서의 사명감으로 전략에 대한 이해와 표현에 더욱 힘써 주기를 바란다.

세계 어느 곳을 가더라도, 이제 우리의 브랜드들을 심심찮게 볼 수 있어 행복하다. 그리고 그 브랜드들이 세계의 리딩 브랜드가 되는 그날이 올 때까지 미력한 힘이나마 이 땅의 모든 브랜드 매니저들과 함께 고심할 것을 약속한다. 이 약속을 지킬 수 있도록 늘 열정과 사명을 주시고 이끌어 주시는 하나님께 감사드린다.

2005. 12. 31

최 원 주

CONTENTS

브랜드의 비밀

브랜드의 과거 그리고 현재

경쟁 제품을 쳐다보지 않고 캘빈 클레인 언더웨어, 포드 자동차, 또는 코카콜라를 사는 소비자들은 그 브랜드에 대한 충성고객이다. 이것은 무엇을 의미하는가? 그들에게 있어 구매는 더 이상 의식적 결정이 아닌 지점에 있다는 것이 하나의 설명이 될 수 있다.

이것은 모든 제조업자와 마케터의 꿈이다. 왜냐하면 그들은 더 이상 그들의 제품을 사도록 또는 시도해 보도록 소비자들을 확신시키는데 있어 시간과 돈을 투자할 필요가 없다고 믿기 때문이다. 소비자들은 브랜드를 통해 여러 가지 방법으로 자신을 표현하는 것이라고 믿는다. 그들은 브랜드가 현재의 또는 동경하는 라이프스타일, 그들이 원하는 독특한 형태의 서비스를 나타낸다고 믿는다. 정말로, 몇몇 사람들은 여러 가지 선택과 만났을 때, 거침없이 "그게 내 브랜드야"라고 말한다.

기업의 과제는 고객과의 관계를 유지하고 관리하는 것이다. 브랜드 디자인이란 브랜드의 모든 면에 의미를 부여하는 것이다. 특정 영역의 마켓까지 만들어낸다. 그러나 이러한 영역을 만드는 사람은 고객일까, 아니면 브랜드 소유자일까? 이것 모두가 브랜드 디자인의 기능이다.

마케터에 의하면, 브랜드는 뚜렷한 제품 또는 서비스 그리고 비즈니스이다. 그리고 브랜딩은 제품, 서비스 그리고 비즈니스를 소비자 또는 소비자군의 인식에 이미지를 심어주는 행위이다. 이 과정은 아주 오랜 기간 동안 소비자로서의 의미가 있는 한 지속될 것이다.

어떤 이들은 믿는다. 브랜딩은 편재성, 가시성 그리고 기능에 대해서 뿐만 아니라, 고객의 목표 집단과의 정서적인 유대에 관한 것이라고. 이러한 과정의 중요한 부분은 브랜드 디자인에 있다. 성공적인 몇몇 브랜드 디자인은 소비자가 타깃 연령층을 떠났을 때에도, 여전히 그 효력을 발휘한다. 예를 들면, 가끔 그들은 여전히 젊은 세대로 남아있기를 원하는데, 중년의 나이임에도 불구하고 젊은 라이프스타일을 추구하는 것을 발견하게 된다. 1990년대 후반과 21세기 초에, 정부 조직과 정당조차 그들의 서비스를 나타내기 위해서, 예를 들면, 내재적으로 '우리에게 합류하라' 와 같은 메시지를 담은 브랜드를 디자인하는데 착수했다. 그러나 몇몇 회사들은 타깃 집단 그리고 그 집단에 합류하기를 열망하는 사람들에게 그들의 소구를 제한함으로써 '배타적인' 접근 방법을 선택한다. '이 제품은 당신을 위한 것이다 또는 당신도 이처럼 될 수 있다' 와 같이. 브랜드 디자인은 양쪽 모두의 이러한 접근 방법을 성과로 이끄는 열쇠이다.

한편 이와 반대로 '노 로고(No Logo)' 운동은 나오미 클레인(Naomi Klein)의 책을 시작으로 진행되고 있는데, 이 책은 많은 라이프스타일 브랜드들 뒤에 숨은 글로벌 자본의 공격적 움직임을 조사한 것이다.

아이러니컬하게도, 실용적인 아이템을 다루는 일본의 소매상 무지와 같은 회사는 그것의 노 브랜드(No Brand) 정책 아래, 도시 생활에 맞는 멋진 디자인의 제품이라는 기능적인 특성을 성공적으로 마케팅 했다. 이것은 빅 네임 소매상들로 가득 찬 브랜드 디자인의 세계에서 소비자들이 그들이 스스로 잘못된 선택을 인정해서가 아니라, 친숙한 브랜드를 구매하는 것에서 탈퇴함으로써 올바른 선택을 하고 있다는 것을 느낄 수 있다. 우리 모두는 우리가 원하지 않더라도 브랜드 정치 게임을 하게 된다. 여기서 우리는 잘 설계된 '노 브랜드' 의 힘을 느낄 수 있다.

MUJI
無印良品

1
이 사인은 스웨덴 웁살라의 대성당 출입구 근처의 무덤 위 비석에서 발견되었다. 이것은 어느 장인의 십자가 또는 마크처럼 보이지만, 매장된 사람의 가문을 상징하는 마크이다. 마크를 정형화하기 위해 심벌을 사용하는 아이디어는 역사의 많은 기록에서 찾아볼 수 있다.

2
유명한 실용주의 소매상 일본의 무지는 '노 브랜드' 아래 브랜드를 성공적으로 만들었다.

3 | 4
포드와 코카콜라와 같은 몇몇 브랜드는 시간의 흐름에도 불구하고 그들의 가치와 개성을 여전히 유지하고 있다.

2

Ford

3

Coca-Cola

4

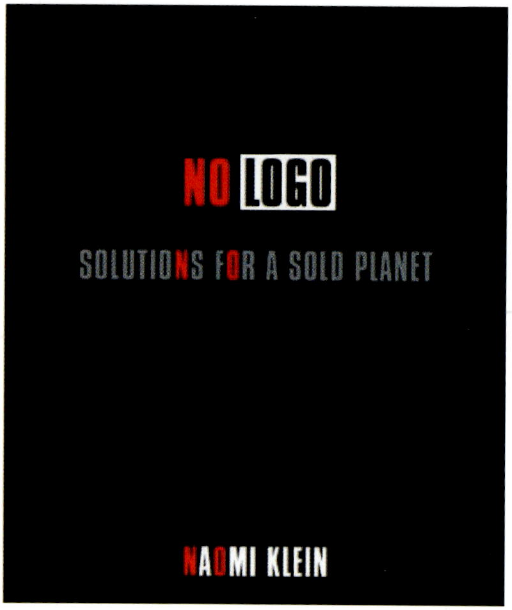

1

2

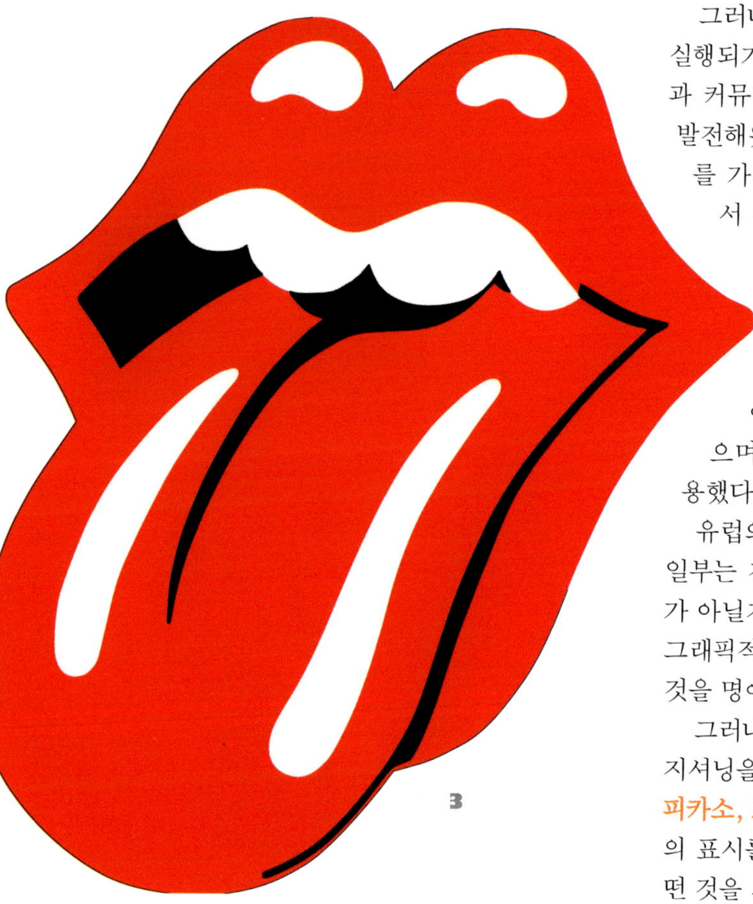

3

영국의 락 밴드 **라디오헤드**도 그들의 수많은 '언브랜디드(Unbranded)' 상품을 내놓음으로서 이점을 발견했다. 클레인의 책에서 언급한 것과 같은 태도를 취한 것이다. 이것은 타깃 마켓을 겨냥한 훌륭한 설계를 잘 나타내고 있다.

그러나 이러한 논쟁에도 불구하고, 브랜드는 현재 이렇게 실행되기 훨씬 전부터 있어 왔다. 브랜드의 목적은 대량 생산과 커뮤니케이션의 발전, 그리고 사회집단의 복잡화와 함께 발전해왔다. 브랜드라는 용어는 수세기 전 '태우다' 의 의미를 가지고 있는 노르웨이의 브랜드르(Brandr)라는 단어에서 생겨났다. 이것은 농부와 가축 소유자들이 그들 소유의 동물을 표시하기 위한 방법이었다.

서부의 가축 호족들은 모든 사람들이 그들의 목장을 볼 수 있도록 하기 위해 경계의 표식용으로 그들의 가축을 브랜드화 했다. 스웨덴에서 농부들은 가문의 인장으로 그들 소유를 표시했으며, 법적 서류에 의존할 때 구속력 있는 사인으로 사용했다.

유럽의 귀족 가문들은 가문의 문장과 인장을 발달시켰다. 일부는 전쟁에 그것들을 가져갔다. 이러한 문장은 표의기호가 아닐지라도, 그들 가문의 이름에 있어서 전통과 영속성의 그래픽적 표식과 같은 것이다. 영국의 왕족 가문은 이제 그것을 명예롭게 '전통을 갖춘 집단' 으로서 언급한다.

그러나 오늘날은 이러한 개념조차 마켓의 힘과 브랜드 포지셔닝을 필요로 한다. 품질의 마크가 된 **매카트니, 코폴라, 피카소, 프로이드**와 같은 이름들에 관한 생각은 유명한 조상의 표시를 유지하면서 한 세대 이상 이어져 왔고, 새로운 어떤 것을 의미하게 되었다.

1
나오미 클레인의 책은 많은 라이프스타일 브랜드들 뒤에 숨어 있는 글로벌 자본의 공격적인 움직임을 파헤친 것이다.

2
영국의 밴드 라디오헤드는 '노 로고' 아래 많은 상품을 팔았다.

3
믹 재거나 폴 매카트니와 같은 유명인사들은 롤링 스톤즈나 비틀즈와 같은 그룹에 의해 만들어진 브랜드와는 별개로 매우 강한 개인 브랜드를 만들었다.

4
영국의 로얄 패밀리와 그들에게 브랜드를 공급하는 사람들은 엄청난 효과를 얻기 위해 로얄 문장이라는 보증을 사용해왔다. 트위닝과 같은 브랜드는 문장을 전체 로고로 활용했다.

4

그리스와 로마 시대에 사람들은 제조 상품의 경우에 있어서 그들의 제품을 식별할 수 있는 심벌을 표시하였다. 이것은 '소유권' 을 표시하기 위한 것이었고 품질의 마크를 만들기 위한 것이었다. 중세시대에는 벽돌공, 석수장이 그리고 작품을 만드는 대가들은 그들의 표시를 성과물에 새겼다. 화가들이 사인으로 그들의 작품을 표시하기 시작한 것처럼. 수세기에 걸쳐, 이러한 마크는 그들의 디자인을 발전시키는 정점에 이르게 되었다. 그들은 단지 품질이나 출처의 표식뿐만 아니라, 연상 이미지에 의한 제품 그리고 메이커와 연결된 다른 아이디어까지 나타내게 되었다.

앤디 워홀과 **데미안 허스트**와 같은 20세기 예술가들은 그들의 작품을 대량 생산하게 되었을 때, 그들 자신의 오리지널 상품을 표시하기 위한 현대적 정의의 브랜드 개념을 도입했다.

5

5
파워가 있는 사인과 브랜드는 단지 제품과 서비스에만 한정된 것이 아니다. 그것은 패션에서 예술에 이르기까지 모든 카테고리와 산업을 초월한다.

현대적 정의

브랜딩의 현대적 정의는 19세기 산업혁명을 기점으로 발달되었다. 제조업자들은 그들 제품을 다른 경쟁자의 것과 차별화시키기 위해 식별할 수 있는 이름과 심벌을 만드는 것이 중요하다는 것을 점차적으로 인식하게 되었다.

포드와 함께 시작된 대량 생산과 전보와 전화로 출발하는 대중 커뮤니케이션 네트워크는 확산되었고 추진력을 얻었다. 많은 제조 브랜드들은 여러 세대와 지역적 경계를 넘어서 살아남기 위한 수단을 얻은 것이다. 그들 브랜드 중 몇 개는 여전히 오늘도 존재한다.

단어가 확산됨에 따라, 메시지의 디자인도 그 메시지가 실제로 무엇을 말하는지 만큼이나 중요하게 되었다. 시간을 뛰어넘어, 메시지를 나타내는 단어와 디자인은 그 의미상으로 유사한 것이 되었다. 브랜드, 로고, 미학적인 것들 그리고 경험은 시장 점유율과 소비자 인식 점유율을 잡기 위한 양쪽 모두의 영역을 설계하기 위한 필수적 수단이 되었다.

오늘날, 브랜딩은 기업, 제품이름, 또는 이미지가 젊음, 독립, 믿음, 품질 또는 실행과 같은 가치, 열망, 신분과 같은 구성의 의미를 만들어 가는 과정이다.

브랜드 자산(브랜드에서 연상되는 가치)은 텔레비전, 라디오, 인터넷, 인쇄 광고, 제품 배치(PPL) 등과 같은 여러 매체를 통해 시간을 거쳐 형성된다. 특히 젊은이를 대상으로 하는 마켓의 경우에서 그렇다. 이러한 매체의 효과가 어느 정도 작용할 때 브랜딩은 구매를 자동적으로 이끄는 기능을 한다. 그리고 브랜드는 많은 인터넷 기반의 벤처 기업들이 발견한 것처럼 기업보다 더 많은 가치를 가질 수 있다. 브랜드는 그들 소비자의 삶에 깊은 영향을 줄 수 있다.

드문 경우이기는 하지만, 브랜드는 제품 유형과 동일한 의미가 될 수 있다. 많은 소비자들이 접착테이프를 스카치테이프 또는 셀로테이프라고 부르거나 진공청소기를 후버라고 부르는 것은 바로 이러한 힘이다. 그들이 경쟁 제품을 사용하고 있을지라도. 그러나 이러한 영역의 표시들은 항상 영구적인 것은 아니다. 특히 빠른 속도로 움직이는 정보기술과 하이테크 하드웨어와 같은 시장의 경우는 더욱 그렇다.

최근까지, 많은 사무직 종사자들은 복사를 제록스라고 불렀다. 기업은 실제로 기계를 만들었음에도 불구하고 제록스는 일반적 어법에서 명사와 동사 둘 다가 되었다. 그러나 양쪽 모두 경쟁자들이 그 기업의 영역을 침범함에 따라 새로운 세대에게 있어서는 선호도가 떨어지고 있다. 제록스라는 단어는 이제 많은 젊은이들에게는 친숙하지 않다. 그러나 제록스 제품은 여전히 훌륭하다.

그러므로 리브랜딩(Rebranding)은 많은 기업에 있어 매우 중요하다. 리브랜딩을 의미 있는 전략으로 만들기 위해서는

1 | 2 | 3 | 4 | 5
아우디, 폭스바겐, 메르세데스, 소니, 버드와이저와 같은 이름들은 모두 강력한 연상 이미지를 가지고 있는 브랜드이다. 각각은 그들을 보고 느낄 수 있는 디자인을 통해 특정 개성을 반영하고자 노력하고 있다.

새로운 디자인 설계를 비롯한 여러 가지 새로운 세트로 그들 자신을 재정의 해야만 한다.

IBM을 생각해보라. 한때 거대한 메인프레임 컴퓨터와 같은 의미로 사용되었던 IBM은 이제 PC와 양립할 수 있게 되었다. IBM은 최근에 그 자신을 새롭고 소프트한 디자인 설계와 경쟁하기 위해 제품의 영역을 간소화하고 그에 맞는 이름을 가지고 서비스회사로 리포지션 하였다. 한때 인터넷에 관해 빈약했던 마이크로소프트는 이제 거의 인터넷에 관한한 거의 독점적으로 집중하고 있다. 이들 새로운 목표는 기업의 디자인 원칙에 반영되고 있다.

질문: 이러한 기업을 찾아낼 수 있는가?

어렵지 않다! 대부분의 사람들은 맥도날드를 일순간에 알아볼 수 있다.

왜 사람들은 맥도날드를 그렇게 잘 알고 있을까? 패스트푸드 시장은 경쟁자가 많은 만큼 치열하다. 맥도날드의 제품은 그들의 경쟁자의 것들과 매우 유사하다. 그러나 어떠한 구성이 그것을 분리하는가? 거의 틀림없이 사람들은 맥도날드 브랜드 때문에 맥도날드를 방문한다. 이것은 편리함과 재미라는 두 단어로 옮길 수 있다.

기업 또한 어린이들을 위한 그들 제품과 서비스의 많은 부분을 디자인한다. 만약 디자인이 어린이들을 끈다면, 어린이들은 어른들이 그들의 지갑을 열도록 설득할 것이다. 최근에 맥도날드는 TV 광고에서 그들 자신을 '재미' 있게 묘사하면서 어른들과 소수 민족들까지 그들 타깃으로 수용하고자 한다.

맥도날드는 많은 사람들이 커다란 노란 M을 잘 볼 수 있도록 만들었다. M은 전 세계에 기업이 의도하는 가치를 전달하기 위한 것이다. 잘 디자인된 로고는 언어와 문화적 경계를 뛰어넘는다. 컬러풀하고, 환영받는 브랜드 디자인은 패키지, 유니폼, 제품 이름, 그리고 공짜 선물로까지 확장된다. 이들 제품들은 모든 이에게 재미와 편리함을 준다고 말한다. 맥도날드의 새로운 유머 감각은 명백히 그들의 이미지를 설명해주고 있다. 이것은 회의론자 조차 끌 수 있는 강력한 거대 기업으로서의 이미지를 생성하고 있다.

간단히, 맥도날드의 햄버거는 미리 광고 등을 이용해 소비자의 수요를 환기시킨다. 이것이 브랜드의 힘이다. 소비자는 맥도날드 햄버거를 보는 것과 동일한 방법으로 그 기업을 본다. 이것은 브랜드 포지셔닝과 기업의 가치 시스템을 나타내는 디자인을 가진 운명이 지니는 위기중 하나이다. 만약 기업의 디자인 설계와 소비자를 향한 메시지가 '진실' '혁신' 또는 '당신은 우리에게 말할 수 있다' 라고 말한다면, 기업은 그 약속을 잘 전달하기 위해 노력해야 한다. 타깃이 크면 클수록, 더 많은 경쟁자들이 기업의 비전에 구멍을 내기 위해 시도할 것이다.

6 | 7 | 8
몇몇 브랜드들은 이제 그들의 카테고리와 동일한 의미가 될 정도로 강력하게 되었다.

네트워크 세상에서의 브랜드

인터넷, 디지털과 인터액티브 TV, 라디오, 모바일 기술, GPRS, TiVO와 같은 인터액티브 미디어의 성장은 브랜딩 게임의 규칙을 변화시키고 있다. 고객들은 기꺼이 데이터를 받는다. 그들이 선택하고 구매결정을 하는데 이용하는 채널이 있는 곳이면 선택된 공급자와 함께 대화할 수 있는 기술로 들어가기조차 한다. 많은 기업들은 기술이 때때로 실패할지라도 이러한 영역을 겨냥하고 있다.

디자인 전략은 상이한 채널들과 기술들에 걸쳐 브랜드 일관성을 유지할 만큼 적응력이 충분한가? 이것은 오늘날 디자이너들에게 가장 큰 도전이다. 기업은 이제 이전의 기업들 이상으로 파트너, 협력사, 그리고 미디어 조직에 이르기까지 복잡한 네트워크를 통한 그들 브랜드 사용의 명확한 가이드라인을 설립해야만 한다. 이들은 빌보드와 정기간행의 광고물, POS, 인터액티브 TV와 인터넷 포탈 그리고 작은 사이즈의 스크린, 폰과 이동통신 단말기 등도 포함한다.

브랜딩은 결코 이렇게 불확실성과 복잡한 상황의 시대에 있지 않았다는 것이 디자이너들에게는 반가운 소식이었다. 브랜딩의 원칙은 변하지 않지만, 속도와 잠재적 선택의 수는 가지고 있다. 변화의 속도, 경제의 예측불가능성, 기술의 빠른 진보, 그리고 시장분열의 증가, 이 모든 것는 강력한 디자인 설계가 필수적으로 개발되고 관리되어야 한다고 부추기고 있다.

만약 소비자가 샴푸나 치약, 프린터와 디지털 카메라, 또는 구두와 란제리를 사려고 한다면, 이들 각자에 대한 디자

5

5 | 6
영국의 파이낸셜 타임즈는 매우 성공적인 신문 브랜드이다. 그들의 유사한 컬러를 사용한 브랜딩은 고객들이 채널을 통해 동일한 경험을 할 수 있도록 하였다.

3

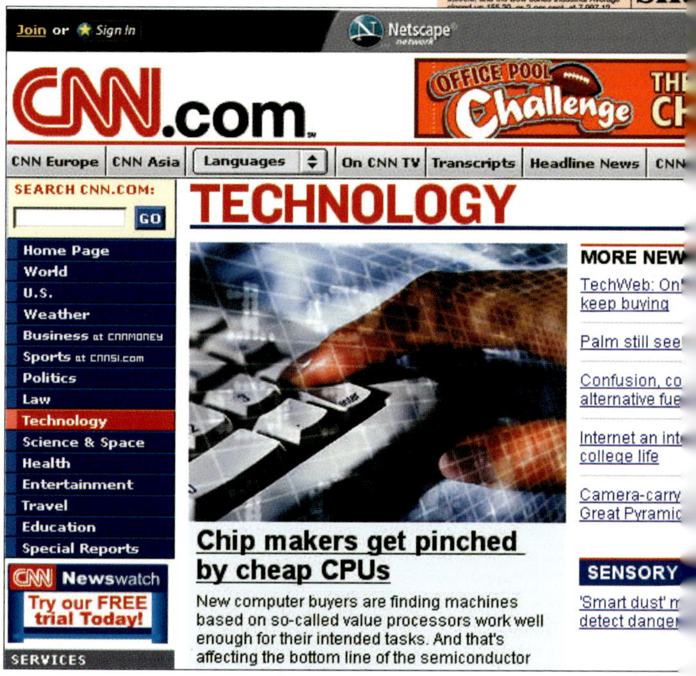

1

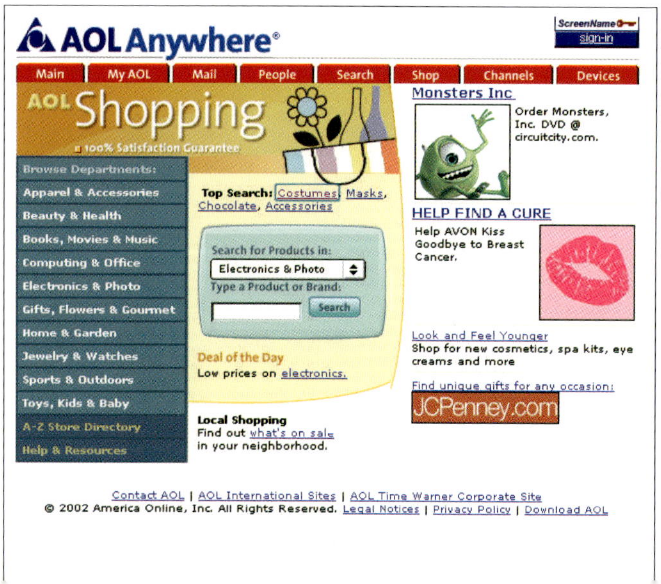

2

1 | 2
AOL은 그들 브랜드를 위한 아이덴티티를 만들었다. 이것은 인터넷, PDA, 또는 이동통신과 같은 채널을 통해 매우 잘 적용되고 있다.

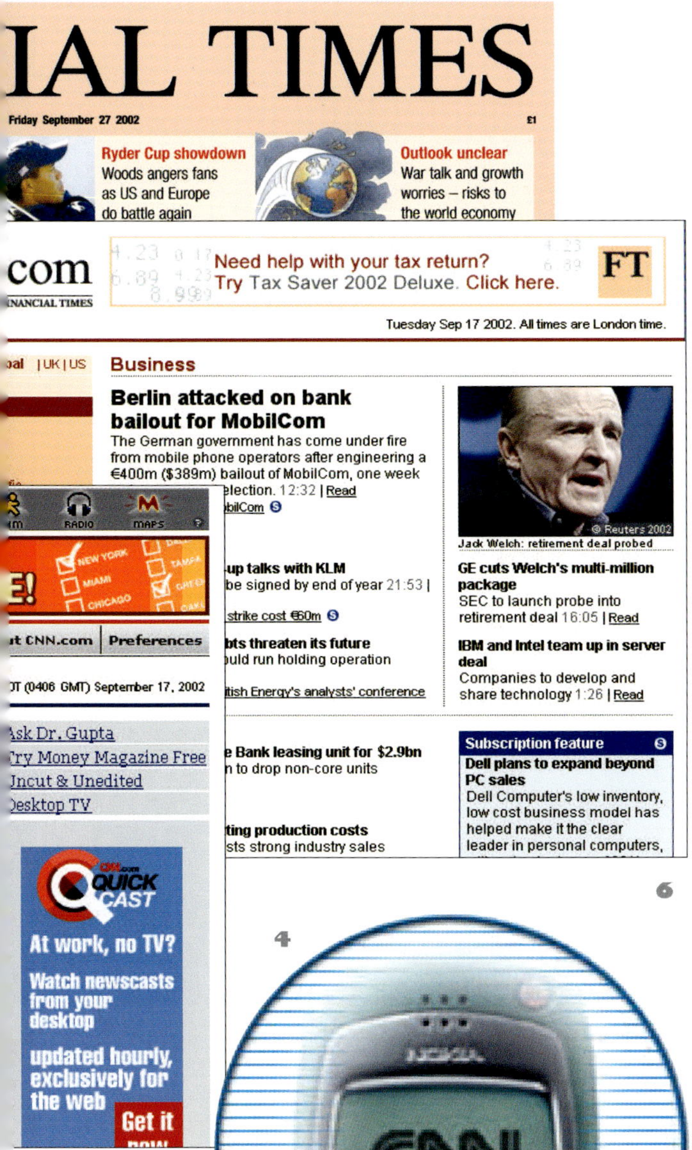

3 | 4
CNN 로고는 어떠한 영향력의 손실 없이, 많은 미디어와 포맷을 통해 전달될 수 있도록 매우 잘 적용될 수 있다.

인과 정보 요구사항들은 매우 다르다. 그리고 정보를 운반하기 위한 채널들이 다중 역할을 하고 진화할 때 이러한 상황은 좀더 복잡해진다.

구매가 카탈로그에 의해 이루어졌건 간에 또는 PC를 경유한 인터넷, 또는 인터액티브 TV이건 간에 이에 의존함에 따라, 디자이너는 어떻게 브랜드 일관성을 유지할 것인가를 고려해야만 한다. 예를 들면, 정보 디자인에 대한 요구사항은 변화하지 않으면 안 된다. 인터액티브 TV를 통한 쇼핑이 리모컨에 의해 이루어졌을 때, 디자인은 여기서 단순함으로 유도되어야만 한다. 프린트 컬러 재생산의 가능성, 컴퓨터 모니터, 그리고 TV는 매우 다르다. 나중에 다시 이러한 이슈에 대해 검토할 것이다.

그래서 좋은 디자인은 브랜드 연관성과 가시성에 있어 더 필수적이다. 강력한 브랜드는 오늘날 제품에 적합한 디자인 원칙을 채택하고 이해할 뿐만 아니라, 채널 또는 운반 메커니즘(기업에서 소비자로)에도 적용해야 한다. 미래의 새로운 플랫폼을 통해 브랜드 디자인은 그 가시성을 형성하는데 거대한 역할을 수행할 것이다.

이렇게 말할 수 있는 이유는 비즈니스가 채널, 그리고 정보가 연결되지 않는 비트에 관해 생각하고 있지만, 대부분의 소비자들은 단지 브랜드만을 보기 때문이다. 고객들은 정보, 기회 그리고 고객 서비스를 제공해주는 일관성을 지닌 브랜드와의 모든 상호작용을 기대한다. 단순하게 하라. 고객들은 그들의 시간, 노력, 그리고 돈에 대해 자신을 정당화시킬 수 있을만한 가치를 원한다.

자동차 산업에서 소매 금융에 이르기까지 다양한 산업에 있어서, 복잡한 멀티채널을 위한 디자인 전략을 효과적으로 관리하는 것은 한결같이 경쟁 우위를 차지하기 위한 중요한 자원이 된다.

제품, 그 이상의 것

최근 기술의 진보는 속도와 성공에 집중적인 연관성을 만들어 왔다. 기술은 전화와 같은 기존 제품이 다른 기술과 운반 메커니즘으로 전환되는 것을 가능하게 한다. 우리는 모바일 폰으로 텍스트 메시지와 이메일을 보낼 수 있고 웹을 서핑 한다. 이것은 비디오, 오디오 그리고 위치에 근거한 서비스가 즉석에서 알맞은 형태로 운반되는 것에 대한 약속이다.

새로운 운반 형태는 사람들에게 상호간에 뿐만 아니라, 음악, 영화, 여행, 금융 서비스, 일반 소비재, 그리고 기타 식품 잡화와 같은 콘텐츠 공급자들과 상호작용하기 위한 새로운 방식을 만든다. 많은 사람들은 좀더 매력적인 기업의 콘텐츠 형태, 또는 일정 콘텐츠 제공에 모여 있는 사용자들의 커뮤니티에 참여하기 위해 많은 서핑을 한다.

어떤 기업들은(버진과 같은) 다른 기업의 서비스, 예를 들면, 모바일 폰 네트워크와 전기에 이르기까지 브랜딩의 잠재성을 인정하고 있다. 또한 커뮤니티의 어떠한 '느낌'을 만들기 위한 추가적인 서비스와 가치의 잠재성을 인정하고 있다.

여기가 디자이너들이 도전할 분야이다. 웹 사이트가 가상의 대형 상점임에 따라, 온라인 브랜드는 그것의 현실 세계에 대한 대응으로서 밀착되어 디자인되고 조정되는 것을 필요로 한다. 점차적으로 고객들은 사이트가 단지 진열만을 위한 것이 아니라, 생생하게 느낄 수 있도록 디자인되는 것을 원한다.

또한 이러한 변화는 소비자들을 위해 만들어진 브랜드의 유형에 영향을 미친다. 요리는 더 이상 가족의 자질구레한 잡일로서 미디어에서 보이지 않는다. 1950년대 여성들에게 있어서는 그랬지만, 이제는 가정과 라이프스타일의 디자인에 관한 것으로서 그리고 성별에 상관없는 감각적인 경험으로서 받아들여진다. 브랜드가 이러한 사회적, 문화적 그리고 인구통계학적인 변화를 이해하는 것은 소비자와의 연관성을 만들기 위해, 그리고 생존하기 위해 중요하다.

컴퓨터와 같은 제품들은 기술 장비로부터 소비자의 라이프스타일, 엔터테인먼트에 초점을 맞춘 센터로 변화하고 있다.

1

2

3

5

1 | 2 | 3 | 4
브랜딩 전략에 있어서, 디자인의 실행(매체에 상관없이)은 드라마틱하게 변하고 있다. 애플은 제품의 독특한 디자인에 초점을 맞추고 있다. 아마존은 고객의 이름으로 인사하는 것에서부터 이전의 구매에 근거해 추천을 해주는 개인화에 초점을 맞추고 있다. 한편 디즈니는 경험과 재미 요소에 초점을 맞추고 있다. 악센츄어와 같은 브랜드가 그들의 전문지식과 부가가치에 초점을 맞춘 것처럼.

5
광고는 단순히 제품의 사용을 설명하는 것에서 좀더 경험적인 것을 표현하는 쪽으로 움직이고 있다. 소프트드링크 산업은 전통적으로 맛을 강조했다. 그러나 레드불은 그 이상의 수준으로 컨셉을 내보내고 있다. 이것은 좋은 예이다.

항공사는 운반에 관한 것보다는 에어마일과 같은 세련된 보너스 설계를 통한 여행과 경험 기회에 관해 관심을 가지고 있다.

이것은 풍요로운 정보 수집의 기회이기도 하다. 기업들은 공짜 상품 비즈니스를 하는 것이 아니라, 그들에게 다시 돌아올 수 있는 돈과 같이 가치 있는 어떤 것을 얻게 된다. 기업은 고객과의 관계를 유지할 수 있고 고객들의 반복적인 비즈니스(로얄티)를 유도할 수 있는 선택과 라이프스타일에 대한 데이터를 얻게 된다.

브랜드 디자인은 더 이상 독백이 아니다. 이것은 기업과 고객사이의 대화이다. 비즈니스는 그들의 원칙이 건전하다는 것을 계속 강조하는 한, 브랜드에 초점을 맞춰야 하는 것을 필요로 한다.

디자이너들이 이러한 대화의 중심에 있어야 한다는 것은 필수적이다. 그들은 메시지를 디자인해야 하는 책임이 있으며, 청중을 모을 수 있도록 매력적이게 만들어야 한다.

알란 미첼(Alan Mitchell)의 '정보시대의 브랜딩 전략(Branding Strategies in the Information age)' 이라는 책에 따르면, 오늘날 기업들이 따라야할 브랜드 전략의 새로운 4가지 모델이 있다.

관계 브랜딩(Relationship Branding): 기업의 주요 자산으로 고객과의 관계에 토대를 두고 있다. 예를 들면 아마존, 에이본과 같은 브랜드들이다. 관계에 근거한 브랜드를 디자인할 때, 디자이너는 고객이 그 브랜드와 함께한다는 독특한 관계의 측면에 초점을 맞추어야 한다. 아마존 경험은 개인 1사람에게 맞춰져 있는 개인화에 관한 것이다. 기술 채널을 통해 고객의 선호도를 이해하고, 1대 다수의 경험을 1대1 대화로 바꾸는 것에 관한 것이다. 에이본은 아마존과 동일한 의도로 직접 고객 접촉에 여전히 초점을 맞추고 있다.

가치 브랜딩(Value Branding): 기업의 주요 자산인 가치(삶의 방식 또는 철학과 같은)에 초점을 맞추고 있다. 예를 들면 디즈니와 나이키가 그렇다. 이들 브랜드에 있어서 디자인은 가치를 비중 있게 다루어 왔다. 디즈니의 초점은 안전, 컬러풀, 아이들이 이끄는 가족의 재미에 관한 것이다. 나이키의 초점은 거리에서 유행하는 트렌드를 반영하는 스포츠웨어와 한 세대를 집단으로 구성하는 유행으로서의 스포츠를 만들기 위한 아이콘을 만든다는 데 있다. 이들 두 가지 경우에서 디자이너들은 이러한 가치를 아이콘으로 만들고 있다. 브랜드 경험의 세계를 창조하고 있으며, 대중문화의 한 측면을 창조하는 것을 돕고 있다.

지적 자산 브랜딩(Intellectual Property Branding): 이런 기업의 주요 자산은 그들의 전문가적인 지식과 노하우, 그것의 독특한 접근과 서비스의 범위에 있다. 고객을 위한 디자인에 있어 브랜드

6

7

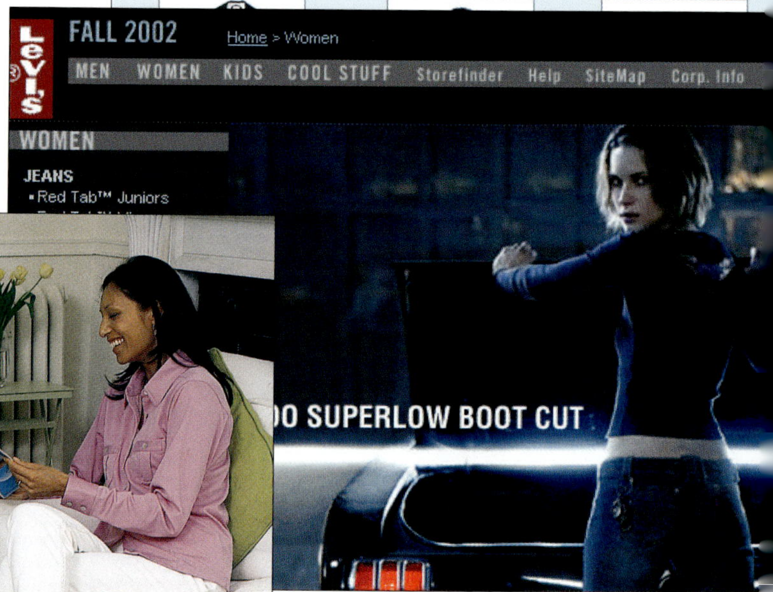

8

8
에이본은 브랜드 로얄티를 유지하기 위해 직접 고객 접촉에 의존한다. 고객이 그들 집에서 제품을 보는 것은 좀더 편한한 분위기를 만들어 준다

6 | 7
갭과 리바이스와 같은 웹 사이트는 보고 느기는 방식 그리고 컬러 선택을 재창조함으로써 사람들이 그들 가게에서 갖는 경험을 온라인에서도 갖게 한다.

9

10

9 | 10
페라리와 롤렉스의 디자인은 브랜드가 그들의 고객에게 전달하는 것이 무엇인가를 독점적으로 만들고 있다. 이들 브랜드는 고객들이 열망하는 라이프스타일과 연결되어 있다.

가 지식, 신뢰, 프로페셔널리즘 그리고 이해와 같은 가치를 전달할 수 있다는 것이 중요하다. 특히 고객들이 전문가 지식을 필요로 하고, 전달할 수 있으며 많은 돈을 가지고 있을 때 그렇다. 회계 컨설팅을 하는 거대 기업 **앤더슨**은 신뢰의 약속에 대한 유명한 피해자였다. **앤더슨**의 브랜딩 캠페인이 전 세계를 대상으로 회사의 메시지를 내보내고 있을 때, 그 당시 지역의 헤드쿼터들에게 미국 사무소의 비합법적인 실행에 대해 모르고 있었다고 주장하는 것은 옳지 않았다. **앤더슨**의 거짓 대응에 대해 디자이너는 비난받아야 한다.

열정 브랜딩(Passion Branding): 이 경우에 기업의 주요 자산은 그들의 타깃인 고객들이 브랜드를 갖고자 하는 열정과 흡인력에 있다. **페라리**, **재규어** 그리고 **롤렉스**는 명백한 예이다. 열정 브랜드를 디자인할 때, 타깃 소비자를 이해하는 것은 중요하다. 대부분의 사람들은 이들 브랜드를 매우 개인적인 수준에서 연결시킨다. 아주 작은 규모의 브랜드 캠페인 또는 디자인이 현재의 고객들(종종 돌아오는), 그리고 어느 날 고객이 되길 열망하는 사람들에게 중요한 영향을 미칠 수 있기 때문이다.

브랜드 커뮤니케이션

브랜드 아이덴티티가 올바르게 적정 소비자와 커뮤니케이션 되어야만, 브랜드 아이덴티티는 가치를 가질 수 있다. 그리고 브랜드에 관한 고객의 관점은 미디어를 통해 보고 들은 것에 의해 결정된다.

그러므로 브랜드는 무차별한 사격의 접근(적정 소비자에게 충분히 효과가 있을 것이라는 희망만으로 타깃을 고려하지 않고 메시지를 발사하는)은 더 이상 효력을 발휘하지 않는다는 것을 깨달아야 한다. 미디어는 더 이상 빌보드, 인쇄, 그 이후 텔레비전 광고가 단지 실질적으로 선택적 대안이었던 시대처럼 단순하지 않다. 마찬 가지로 소비자들은 브랜딩 캠페인에 대한 그들의 반응에 있어서 좀더 세련되어지고 있다. 미디어가 좀더 복잡해지고 인구통계학적 특성에 따라 세분화되어 초점을 맞추게 된 것처럼.

타깃에 따른 매체는 성공에 있어 필수적이기 때문에 가장 적합한 것을 선택해야 하며, 디자인은 그 매체에 의해 지시를 받아야 한다. 만약 브랜드 X가 그들의 제품을 주로 인터액티브 TV에서 팔기로 결정했다면, 한편에서는 파스텔풍의 색조, 또는 다른 편에서는 지적인 블루와 자극적인 오렌지 색깔을 쓰는 것은 효과가 없다.

TV는 컬러의 범위와 해상도에 있어 제한적이다. 이것은 어떤 특정 컬러를 디스플레이 하는데 문제를 가지고 있다. 예를 들면 화려한 블루는 종종 스크린 상에서 매력적이지 않게 빛을 내보낸다. 만약 블루 또는 그린 스크린 프로세스가 컴퓨터가 발생시키는 백그라운드와 같은 다른 이미지로 서로 겹치게 사용된다면 이것 또한 문제가 될 수 있다.

몇 가지 경우에, 어떤 컬러의 빛의 농도와 광도는 방송에 있어서 톤을 내려야 한다. 그래야 디자인에 있어 컬러 계획이 미리 수용될 수 있다. 다시 다음 장에서 이러한 이슈에 대해 논의할 것이다.

요약하여 말하면, 스크래치로부터 브랜드를 창조하는 것의 모든 과정, 그리고 그 뒤에 숨어 있는 고려 사항들은 디자인 청사진을 창조하기 전에 익혀야만 한다는 것은 명백하다. 다음 장에서 우리는 브랜드를 관리하거나 창조하는 것의 모든 요소들을 살펴볼 것이다. 그리고 모든 디자인 전략에 있어서 이들 원칙들을 어떻게 실행할 것인가도 살펴볼 것이다.

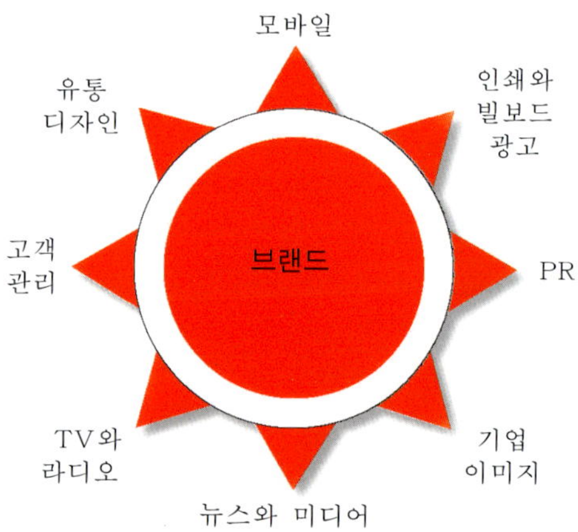

브랜드 접촉점
브랜드 접촉점은 전체적인 브랜드 경험을 만들기 위한 중요한 경로들이다. 광고, 소매상의 모습, 또는 인터넷 사이트와 같은 접촉점은 고객이 브랜드와 상호작용하는 것이다. 이들 포인트 각각의 디자인과 실행은 단 하나의 또는 관련된 브랜드를 디자인하는 것의 일부분이다.

2

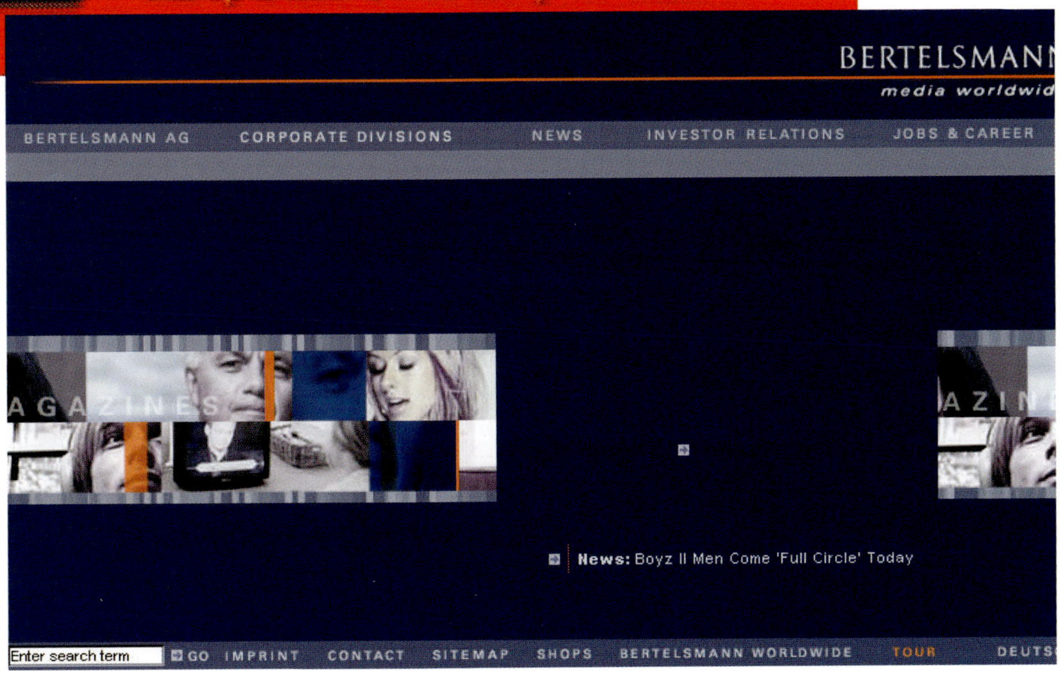

3

1
영국의 서점 체인인 W.H.스미스는 그들의 제품에 적합한 인터넷과 인터액티브 TV 상에 사이트를 만들었다.

2 | 3
도미노 피자는 그들 비즈니스의 특성인 패스트푸드를 성공적으로 반영하기 위해 iTV상에서 본래의 컬러를 사용했다. 버틀즈먼의 좀더 세련된 사이트는 그들의 다양한 사업 특성을 반영하기 위한 것을 목표로 하고 있다.

브랜드의 정의

브랜드 네임

브랜드 네임은 브랜드의 변함없는 요소이다. 브랜드의 포지셔닝이 변하고, 기업의 컬러가 채택되고, 활자가 현대화되고 로고가 개정되지만, 거의 모든 기업들은 그들의 이름을 바꾸지는 않을 것이다(만약 브랜드가 순식간에 하루살이로 디자인 되지 않았다면).

브랜드 네임을 변경하는 유일한 이유는 인수 합병이다. 글로벌 브랜드에 있어서 지역적 제품의 재조정 또는 새로운 브랜드 아이덴티티와 함께 기업이 새 출발 할 필요가 있다고 인식될 때 또는 적어도 현대적인 변형 등이다. 이것은 보통 시장이 드라마틱하게 변하기 때문이다. 특히 젊은이를 대상으로 하는 시장과 기술 시장은 쉽게 변하기 쉬운 경향이 있으며, 심지어 없어지게 되는 경우에 더욱 그렇다.

위의 어떠한 경우에 있어서, 브랜드 네임을 그대로 유지하는 것은 얼마나 많은 고객들이 다시 반응하는가에 관한 고도의 위험 수위를 지닌 모험을 하는 것이다. 인수 합병이 종종 주식 또는 기술에 대한 것인 만큼 고객들을 얻는 것에 관한 것이라 할지라도. 다른 어떤 이유들로 브랜드 네임 또는 그들 자신의 이름을 바꾸는 기업들은 종종 비웃음거리가 된다. 돈을 낭비한 것 때문에 책망을 받거나 또는 그들 경쟁자들에게 패배를 인정하게 된다.

예를 들면 영국의 우체국은 코시그니아라고 불리는 새로운 엄브렐라 조직 아래 하나의 브랜드가 되었다. 시니컬한 영국 신문은 이에 대해 보호의 논조로 또는 재미거리로 도마에 올렸다. 디자인과 브랜딩은 표면상 충분히 매력적이었으나, 논평가들은 편지를 받거나 부치기를 원하는 사람들과의 연관성에 의문을 제기했다. 조직은 그들 자신의 핵심 서비스에 당황했을까? 그것에 의존하는 사람들은 무슨 일이 일어났는지 알까?

이것은 좋은 브랜드는 실체, 목적, 그리고 인지된 가치가 있어야 한다는 것을 증명하고 있다. 좋은 브랜드는 사람들이 원하는 어떤 것을 하거나 나타낸다. 좋은 브랜드의 강점은 빈약한 브랜딩이 그것에 대항하여 놓여 있을 때, 단지 불을 밝히는 것이다. 논쟁에 있어서 그것은 명백한 실체 또는 목적이 없다.

물론, 몇몇 기업들이 현재의 것에 관심을 끌기 위해 유일하게 새로운 브랜드를 단서로 하는 것은 상상할 수 있다. 그리고 나서 오리지날을 유지하기 위해 공공의 압력에 굴복하는 것이다. 그러나 이것이 진실이건 아니건, 결코 브랜드 디자인이 나타내는 것이 무엇인지를 계속 주목해야 한다!

브랜드 네임은 이들 중 몇몇이 즉각적으로 명백하지는 않을지라도 핵심적이며 기능적인 역할을 한다.

· 이름은 단순히 기억할만한 어떤 것 이상의 의미이며, 소비자들에게 준거의 포인트이다. 그것은 고객이 브랜드와 관련되어 있는지의 여부와 관계된 방법과 함께 더 많은 것을 하여야만 한다. 소비자들은 종종 'X는 어떤 것이다', '내가 사야 할 것 처럼 보인다' 또는 'X는 나처럼 들리지 않는다!' 라고 말한다. 잘 디자인된 브랜드에서 이것은 중요하다. 어떤 특정 고객들의 구성을 포함한다는 것은 다른 것들에 대한 배제를 의미한다.

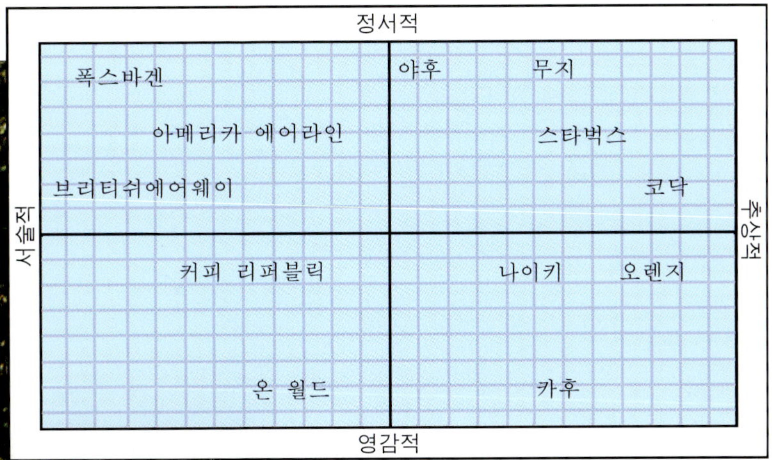

네이밍 메트릭스
네임 유형의 매트릭스는 얼마나 다양한 이름들이 개발되고 어떻게 소비자들이 그들과 반응하는지를 보여준다.

3

2

1 | 2 | 3
대부분의 브랜드는 매우 강력한 기업의 실체를 가지고 있다. 그러나 소비자 브랜드는 사람들이 기업 자신보다도 더 기억한다. 일부 브랜드는 이러한 장애를 극복하기 위해 지속적인 관리를 하고 있다. 하나의 예로 폭스바겐은 기업과 소비자 브랜드 둘 다 강력한 실체를 가지고 있으며, 특히 비틀과 캠퍼 모델에 있어 그렇다.

· 브랜드 네임은 기업이 보호할 수 있는 합법적인 실체이다. 그리고 대부분 그것에 대한 보호는 엄중하다.
· 기업의 무형 자산으로서 가치를 창조할 수 있다. 또한 브랜드 네임과 비주얼 아이덴티티는 더 넓은 시장에서 중추적 역할을 한다. 브랜드는 고객에 의해서 만이 아니라 경쟁자들에게도 보이고 들려야만 한다.
· 브랜드 네임은 브랜드가 타깃 시장에 어필하는, 그리고 여러 방법으로 브랜드를 사로잡는 데 적합해야만 한다. 그것은 보이고 들리고 논의되거나 또는 희망적이며, 회상되는 시간마다 메시지를 보내야한다.

가장 최상의 브랜드 네임은 강력하고 명확하고 그리고 기억하기 쉬운 비주얼 아이덴티티이다. 그것은 브랜드 퍼스낼리티를 요약하는 것이며, 이와 함께 소비자의 생활로 들어오는 것이다. 목표는 외적으로는 소비자가 참여하게 하는 것이며, 내부적으로는 기업의 종업원들까지 참여하게 해야 하는 것이다.

브랜드의 이러한 동기부여의 측면은 종종 간과된다. 그러나 그것은 종업원들을 사로잡는 적절한 방법이며, 그들을 유지하고 메시지 이상으로 그들을 얻는 것이다. 종업원들은 고객들처럼 '브랜드가 나처럼 보이거나 들린다고' 말해야 한다.

만약 종업원들이 메시지와 함께 참여하지 않는다면, 기업을 자유롭게 하는 리스크는 그들 고객들 위에 종업원들의 동기를 떨어드리거나 구멍을 내게 한다. 많은 전략, 마케팅 그리고 디자인 전문가들은 이러한 손해를 보상할 수 없다. 다시 말하지만, 만약 브랜드가 멋진 디자인과 열망하는 라이프스타일을 약속한다면, 종업원들은 그러한 가치들을 더 반영할 수 있도록 해야 한다!

또한 적절한 브랜드 네임은 기업이 그 자신에 대해 말하는 것을 돕는다. 그것은 적절한 비주얼 아이덴티티로 누군가와 무엇을 하는가를 정의한다. 그것은 친숙하지 않은 컨셉을 가져야 한다. 그리고 인식할만한, 구체적인 그리고 매력적인 어떤 것으로서 전달해야 한다. 브랜드 네임과 디자인은 고객과의 연결을 명료하게 하는 단 하나의 일관된 메시지이며, 가장 중요한 것이다. 디자인은 브랜드에게 있어 그것의 가치와 야망을 반영하는 간단한 전달법이다.

브랜드 아이덴티티를 창조하는데 있어 첫 번째 단계는 네이밍 전략을 정의하는 것이다. 일단 명확해지면, 이것은 클

라이언트와 함께 네이밍 브리프로 형식을 갖추어야 한다.

네이밍 전략은 다음의 사항을 포함한다.
· 제품 또는 기업에 관한 설명. 무엇이 그것을 독특하고 차별화되고 또는 필요한 것으로 만드는가?
· 브랜드 네임이 지지해야 하는 제품 또는 기업의 정의
· 브랜드 네임이 무엇을 전달해야 하는지에 대한 이해. 설명적이며 영감을 불어넣는 그리고 감정을 불러일으키는 것인가 또는 추상적인 것인가, 그리고 범위가 어디까지인가?
· 미래의 브랜드 아키텍처 창조(그 브랜드가 어떻게 형성될 것인가, 또 발전될 것인가, 기업 내외부적으로 다른 브랜드와 어떻게 연관될 것인가, 그리고 어떻게 시장에 내놓게 될까?)
· 컨셉을 증명하기 위한 시장 트렌드에 덧붙여 타깃 소비자 규정
· 관련된 언어, URL, 그리고 트레이드마크에 관한 이슈설명

마케팅 관점에 있어서 네임은 설명적, 영감적, 정서적 또는 추상적일 수 있다.

설명적 네임은 제품 또는 기업이 무엇인가 또는 무엇을 하는가를 말한다. 예를 들면 **렌토킬, 뉴스위크, 아메리칸 에어라인즈,** 그리고 **폭스바겐**(사람들의 자동차)등을 포함한다.

영감적 네임은 제품의 가능성, 브랜드의 성취 또는 브랜드가 불러일으키고자 목표하는 것이 무엇인가를 가시화하는 것에 초점을 맞춘다. 예를 들면 '**원 월드**'와 같은 것이다.

2

2 | 3
영국항공사 BMI는 글로벌특성을 상징적으로 담을수 있는 이름을 만들기 위해브리티쉬버드랜드에서 이름을 바꾸었다.

3

1
브리티쉬 에어웨이는 비행기의 수직 안정판의 디자인에 있어서 브리티쉬의 가치와 컬러를 유지한 로고를 통해 그들의 글로벌 특성을 구체화시키고 있다.

4 | 5 | 6
네임은 조직에 있어 다른 역할을 할 수 있다. 브랜드는 조직을 그들이 원하는 대로 그들의 제품과 관계가 없거나 또는 가깝게 만들 수 있다. 스펙트럼은 네임이 제공되는 서비스와 관련이 없는 것으로 만들어진 오렌지에서 볼 수 있다. 페덱스, 렌토킬 이니셜도 그것의 원래의 뿌리를 유지하고 있다.

4

orange™

5

FedEx® Express

6

Rentokil Initial

정서적 네임은 그것이 사람들에게 미치는 영향력과 같이 제품의 영향력을 제안한다. 이것은 브랜드 가치 또는 상상을 통해 전달될 수 있다. 그리고 현실 세계, 이미지 또는 단어의 일부분을 이용함으로써 만들어질 수 있다. 이러한 것을 포함한 좋은 예는 **비자**(신용카드는 당신에게 이용할 수 있는 권리를 준다), **베네콜**(라틴어로 '좋은'에서 추출하고 거기에 콜레스테롤의 콜을 첨가) 그리고 **에스쁘리**(의류 체인, 영감을 불러일으키고자 한다) 등을 들 수 있다.

추상적 네임은 먼저 개념에 있어서 무엇이든지 제품과 관련된 것이 없다. 그것은 만들어 낸 단어일 수 있다. 또는 실제 독립적이며 관련 되어 있지 않은 이미지 일 수 있다. 예를 들면 독립적이며 실제 세계의 이미지를 담은 **오렌지**가 있으며, **코닥** 또한 만들어낸 이름이다.

브랜드 로고

로고는 브랜드의 비주얼 표현이다. 그것은 경쟁자로부터 브랜드를 분리할 수 있는 즉각적이며 구별적인 실체를 만들어내는 수단이다. 그리고 브랜드 소유자의 언어와 비주얼을 개발하게 한다. 그것은 브랜드가 무엇에 관한 것인가를 커뮤니케이션하는 표식이다. 잘 디자인된 로고는 타깃 소비자를 유인할 수 있다. 그것이 브랜드와 친숙하지 않거나 단지 쓱 훑어보는 정도의 것일지라도 그렇다.

로고는 가장 어필하는 것으로 보이는 가게에 간다거나, 유사한 것들로 가득 찬 선반에서 어느 한 제품을 고르는 윈도우 쇼핑과 그렇게 많이 다르지 않다. 명백히 이것들도 브랜드 디자인의 주요한 부분이며 과정을 규정한다. 나중에 좀더 살펴볼 것이다.

로고는 또한 기원(출처), 소유권 또는 연상 이미지를 나타내는 수단이다. 여기에는 몇 가지 분명한 유형이 있다. 예를 들면 **버진, 코카콜라** 또는 **코크, 서프, 말보로**와 같은 브랜드들은 뚜렷한 방법으로 쓰인 문자 마크의 형태를 취한다. 또 **메르세데스**의 스타, **나이키**의 스워쉬와 같이 추상적인 상징의 형태가 있다. 그리고 블록 안에 이름을 넣는 **오렌지**와 같이 브랜드 네임과는 아무런 관련이 없는, 또는 두개의 혼합체의 형태가 있을 수 있다.

다른 것들은 **애플** 로고와 같이 이름의 단순한 표시로 디자인된 것이 있다. **애플** 로고는 수 년 동안 단순화되어 온 것이다.

때때로 로고는 **아메리칸 익스프레스**의 센츄리온(로마군대의 사무관인 백부장)과 같이 그 특징에 있어 그림 같은 것일 수 있다. 때때로 제품, 서비스 또는 기업 자체가 로고가 될 수 있다. **굿이어**의 소형 비행선, **맥도날드**의 황금색 아치, 또는 **플레이보이**의 토끼와 같은 것은 좋은 예이다.

그러나 이러한 다양성에는 방법이 있으며, 이들 성공적인 기업들의 각각의 선택은 브랜드의 목적이나 가치를 전달하는 좋은 디자인의 모범이다. **애플**은 대중들의 눈에 띄기를 원한다. 단지 그 자신이 되기를 원한다. 그리고 그것은 당신이 깨물어주기를 원한다. **맥도날드**는 그것의 아치를 두르는 브랜드 아래서(맥도날드 브랜드의 황금색 아치 아래서) 당신을 환영하길 원한다. **나이키**의 유명한 심벌은 승인의 표시(짧은 순간)로 인정받기를 원한다.

로고는 메시지를 지속적으로 타깃 소비자에게 올바르게 전달하기 위해 오랜 시간동안 업데이트하고 개정해야만 한다. 플레이보이는 소비자와 대면하는 하나의 강력한 브랜드일 것이다.

로고는 오래된 기업의 이름을 요약하는 것의 유용한 수단일 수 있다. 유나이티드 파슬 서비스를 **UPS**로 표시하는 것과 같이, 또는 심벌이나 캐릭터를 사용하는 것도 유용한 수단일 수 있다. 이러한 것의 예는 **캡 제미니 언스트 앤 영,** 그리고 **브리티쉬 텔레커뮤니케이션스**가 있다. 이 두 기업은 기묘하게 얼굴 없는 파란색 형상을 다양하게 사용하고 있다.

그러나 **브리티쉬 텔레커뮤니케이션**은 기업의 컬러, 서체 그리고 메신저 로고의 사용에 있어 브랜드 실체를 어떠한 희석됨 없이 **브리티쉬 텔레콤**과 **BT**로 보다 잘 알리고 있다는 확신을 가지고 있다.

그것 뿐 만 아니라, 급진적은 브랜드의 아이덴티티를 최소한 지난 20년 또는 그 이상 되는 시간의 세배 정도를 빨리 변화시키고 있다.

약점을 설명하기는커녕, 이것은 단지 얼마나 많이, 얼마나 빨리, 그것이 변형된 형태로 시장에서 그 힘을 작용하는지를

3

BT

4

5

Lucent Technologies
Bell Labs Innovations

2

vodafone

2
루센트와 보다폰 로고는 둘 다 스타일에 있어서 매우 유사하다. 그러나 소비자들은 그 기업이 무엇을 하는지를 규정하는데 있어 아무런 문제도 가지고 있지 않다. 브랜드는 이렇게 작고 예민한 차이점일지라도 매우 중요하며, 그 예민한 차이점이 소비자를 흡수할 수 있다는 것을 보여준다.

3 | 4 | 5 | 6
어떠한 텍스트도 사용하지 않고 그들의 이름을 명백히 나타낸다면(텔레컴 기업인 BT를 제외하고는), 이들 브랜드는 그들의 고객들과 매우 강한 연결고리를 만들어내고 있는 것이다. 그것의 이미지만으로도 충분히 그 브랜드를 나타내고 있는 것이다.

6

보여준다. 기업은 그 자신을 리브랜드 하는데 확신에 차 있었다. BT 로고와 컬러 스킴은 이제 동일한 기업에 대한 신용으로 인해 분리되어 생기게 된 부산물 벤처의 범위를 브랜드로 이용하고 있다. 만약 이것이 실패한다면, 또는 시장이 붕괴된다면, 그래도 몇몇 강력한 브랜드는 살아남을 것이다.

로고는 생존을 위한 것일 수 있다. 그것이 채택되고 최신의 것으로 업데이트 되거나 시장이 강조하는 곳으로의 주요한 이동을 요구하는 곳에서 포기될 수도 있다. 이것은 디자이너에게 있어서는 도전이다. 디자이너는 시장 트렌드를 인식해야만 하고 어떠한 브랜딩 전략이 의미 있는 공헌을 할 것인가에 대한 상황들에 대해 인식해야만 한다.

브랜드 유형

디자이너가 새로운 브랜드를 디자인할 때 또는 오래된 브랜드를 다시 디자인할 때 올바르게 인정할 필요가 있는 최우선의 것 중 하나는 그들이 어떻게 분류하는가이다. 디자인 브리프는 브랜드가 카테고리 순응자 또는 카테고리 파괴자이건 간에 카테고리가 무엇인가를 이해하는 것이 중요하다.

두개의 넓은 그러나 일반적으로 사용된 분류 기준은 기업 브랜드와 소비자 브랜드이다. 기업 브랜드는 보통 기업 그 자체(유니레버와 같은)와 연관되어 있다. 그것은 또한 다른 비즈니스(오히려 소비자에게)로 제공되는 서비스를 서술하기 위해 넓게 사용될 수 있다.

다른 한편, 소비자 브랜드는 기업이 그들(기업이 아닌) 고객들에게 제공하는 물리적 제품이나 서비스와 관련되어 있다.

몇 가지 예에 있어서 기업과 소비자 브랜드는 동등하다. 프록터 앤 갬블은 기업 브랜드이다. 그리고 프록터 앤 갬블은 그들의 포트폴리오에 있어서 팸퍼스, 아리엘, 펜틴 그리고 프링글과 같은 중요한 소비자 브랜드를 가지고 있다. 기업 브랜드 그 자체가 그들의 제품만큼이나 잘 알려져 있지 않는 경우도 있다. 그러나 보다폰, 소니 또는 기네스와 같은 사례에 있어서는 기업과 소비자 브랜드는 동일하며, 양쪽 측면 모두 성공적이다.

몇 가지 경우에 있어서 소비자들은 친숙한 소비자 브랜드 뒤에 감춰진 기업 브랜드에 대해 거의 알지 못하는 경우가 있다. 예를 들면 그들은 유니레버, 프록터 앤 캠블, VNU, EMAP, 제네널 말스, 롤스톤 퓨리나 등은 들어보았을 것이다. 그러나 들어 본 적이 없다고 하여도, 그들 소비자의 포트폴리오에 있는 브랜드가 즉각적으로 인지되고 성공적인 한, 보통 이것은 문제가 되지 않는다.

이러한 사례에 있어 숨겨진 기업 브랜드는 오히려 그들의 경쟁 브랜드에 의해 알려지는 경우도 있다. 월 스트리트와 시티 오브 런던, 이 둘은 그들의 상대적인 포지셔닝과 관련되어 있다. 이것이 단지 브랜드 디자인과 아이덴티티에 있어서 중요할지라도, 기업 브랜드는 그들의 투자자, 파트너, 광고주, 그리고 경쟁자가 정확히 그들이 무엇을 나타내는가에 대해 그들 자신을 보여주길 원한다. 그것은 자신의 포트폴리오가 얼마나 큰가를 과시하기 위함이다.

그러나 때때로, 이들 숨겨진 브랜드 중 하나는 그들의 소비자 포트폴리오가 그런 것인 양, 일반 공중에게 잘 알려져 있다고 가장하는 실수를 한다. 이것은 값비싼 대가를 치르는 실수일 수 있다. 예를 들면, 가상 세계는 인기 있는 소비자 브랜드보다 기업 브랜드를 위해 비싼 웹 포탈을 만드는 기업들의 사례로 어질러져 있다. 그리고 이들 기업들은 왜 아무도 방문하지 않는가에 대해 의아해한다. 이것은 확실히 출판 산업에 있어 더욱 그렇다.

1 | 2 | 3 | 4 | 5
프록터 앤 갬블은 모기업 브랜드보다 더 잘 알려진 소비자 브랜드 포트폴리오를 가지고 있다. 그 제품 모두는 여기서 프록터 앤 갬블에 의해 만들어지고 있다는 것을 보여준다.

1

2

3

5

브랜드를 디자인할 때 기업의 실제 강점이 무엇인지를 아는 것은 중요하다. 특히 디자인의 비싼 조각을 둘러싼 새로운 수익 방향을 만들고자 할 때 그렇다.

좀 더 자세한 분류는 각 부분 또는 좀더 세밀하게 산업을 보면 알 수 있다. 그리고 그들이 하게 될 산업에 따라 브랜드의 유형을 분류한다－예를 들면, 서비스, 소매, 소비자 제품, 산업 그리고 상품 브랜드.

서비스 브랜드(Service Brands): 이들 카테고리는 사물이 아닌 실행의 영역이다. 이것을 디자인 하는 데에는 많은 어려움이 있다. 그러나 서비스 산업에 있어서 브랜드는 고객이 종업원들과 함께 다양한 상호작용을 하기 때문에 매우 강력한 역할을 한다.

공항에 있는 여행자를 생각해보라. 여행자는 여러 사람들과 상호작용을 하게 된다. 그들이 티켓을 체킹하기 위해 여권 컨트롤을 통해 체크인을 통과하고 비행기를 타고, 거기서 그들은 안내원, 승무원들과 상호작용을 한다. 이들 모두가 디자인의 기회요인이며, 브랜드 경험의 부분이다.

유통 브랜드(Rerail Brands): 소매 브랜딩은 실로 좀더 경험적 수준으로 디자인되어야 하며, 브랜딩의 독특한 형태라 할 수 있다. 인테리어 디자인의 다양한 측면－그래픽, 레이아웃, 디스플레이 시스템, 컬러 스킴, 간판, 신호 그리고 소리와 냄새까지－이 모든 것들이 고려되고 계획되어지고 주어진 전 공간을 위해 만들어져야 한다. 그러나 여전히 전체적인 브랜드 디자인의 경계 안에서 이루어져야 한다.

소비자들은 특별한 경험을 얻기를 기대한다. 메이시에서의 쇼핑 경험은 월마트의 그것과는 매우 다르다. 소매업자들은 또한 다양한 기대를 가지고 오는 고객들의 여러 가지 다른 유형들에 대해 관심을 가져야 한다.

시간이 없어서 또는 현금이 많아서와 같은 경우의 고객들은 단순히 빨리 효율적으로 그들이 찾고 있는 것을 얻기를 원한다. 반면에, 시간이 많고 돈이 없는 고객들은 좀더 정교한 레이아웃을 즐기고 훑어볼 것이다. 이러한 고객들의 다양한 유형에 따른 효율적인 디자인은 이러한 부분에 있어서 디자이너들에게 진정한 도전이 될 것이다.

소비재 브랜드(Consumer Product Brands): 이것은 대부분 일반적으로 그리고 매우 많이 브랜드화된 비즈니스이다. 물리적 제품은 항상 브랜드와 연결되어 있고 가장 잘 알려진 소비자 제품의 많은 것을 포함한다. 예를 들면, **BMW, 켈로그, 펩시, 코카콜라, 질레트** 등이다. 이 모든 것은 디자인을 통해 그들의 브랜드 가치를 커뮤니케이션 하는데 숙련되어 있다. 단지 제품 자체가 아니라, 패키지, 광고 그리고 이상적인 고객 집단을 목표로 하는 다른 커뮤니케이션 수단에 있어서도 브랜드 가치를 담은 디자인이 적용되어야 한다.

산업재 브랜드(Industrial Brands): 여기에 속한 많은 제품들은 소비자와 반대되는 사업용 사용을 위한 것이다. 이들 브랜드는 디자인에 있어서도 소비재 브랜드와 매우 다르다. 대부분의 b2b 브랜드는 다양한 구매 사이클과 과정을 가지고 있다. 그래서 디자인, 네이밍 그리고 경험 창조의 전통적 기

3

1

2

1 | 2 | 3 | 4 | 5 | 6
영국의 수퍼마켓 세인버리와 미국의 월마트(164-165 페이지 참조)에서의 브랜드 경험은 매우 다르다. 세인버리는 즐길 수 있는 쇼핑 경험을 만드는 데 집중하고 있다. 월마트는 가치를 전달하는데 좀더 초점을 맞추고 있다. 이들은 각자의 브랜드 디자인을 잘 반영되고 있다.

4

Sainsbury's

술은 그들이 도달할 수 있는 모든 채널을 통해 고객에 근거하여 적합하도록 조정될 필요가 있다.

일용품 브랜드(Commodity Brands): 최근에 상품을 브랜드화 하는 경향이 증가하고 있다. 상품은 너무 기본적이어서 소비자의 인식에 있어서 물리적으로 차별화될 수 없다. 상품과 함께 브랜드 로얄티를 만드는 것은 어렵다. 왜냐하면, 기업이 독특한 제품이나 서비스를 제공하지 않기 때문에 그렇다. 이러한 부분에 있어서 브랜드 디자인은 품질의 표시를 나타내는 방향으로 이동하고 있다. 브랜드화 된 상품의 몇몇 예들은 오렌지 주스(델몬트), 오트밀(퀘커), 바나나(취퀴타) 등이다.

소비자들이 이들 상품 브랜드들 사이의 차이점을 비주얼로 인식하기 어렵기 때문에, 브랜드화 된 제품의 리스크는 일반적으로 증가하고 있다. 이것은 디자인 차별화가 좀 더 중요하다는 것을 의미한다. 이제는 구분되지 않는 영역의 몇몇을 예로 들면 다음과 같다. 소비자 서비스(예를 들면 비자와 마스터카드), 이테일링과 웹 레퍼런스 사이트(pets.com과 petsmart.com; maps.com과 mapquest.com), 소비자 상품(특히 헤어와 뷰티 제품) 그리고 카탈로그 의류 브랜드.

5

6

브랜드 포지셔닝

디자이너의 브랜드 포지셔닝(그것이 무엇인지, 무엇을 나타내는지, 어디로 가고 있는지에 관한 청사진)에 대한 이해는 브랜드 개성에 대한 보다 쉬운 해석을 도와준다.

브랜드 포지셔닝은 그들 고객들에게 브랜드가 창조하고 전달하고자 하는 약속이다. 이것은 돌에 새겨져 있는 헌장 같은 것이 아니다. 대부분의 소비자들이 알고 있기 때문에 브랜드는 종종 일시적 패션을 만들거나 쫓기도 한다. 브랜드의 초점, 강조 그리고 혜택은 시간이 경과함에 따라 변화하거나 수정될 수 있다.

기업들은 종종 그들 브랜드를 시간의 변화에 따라 다르게 포지션하고 있으나 비즈니스에 있어서의 사명의 강조는 결코 변할 수 없다. 사명은 기업의 생각이 세상과 다른지 그리고 그것이 하고자 하는 것이 잘 이행되고 있는지에 관한 것이다.

기업의 비전, 사명, 사업적 야망 그리고 가치, 이 모두는 브랜드에 집중되어 있다. 브랜드 디자인은 이것들을 나타내야 한다. 타깃 고객들에게 어필하고 시장에서 제품을 배치하는데 있어 차별화된 균형으로 작용해야 한다.

포지셔닝이 매우 실 시간적이며, 집중적인 사람들의 노력이라는 것은 명백하다. 그것은 그 기업이 누구인가 그리고 무엇을 하는가를 정의하는데 도움을 준다. 그것은 기업이 시장에서 어디에 위치하는지를 설명하며, 그것이 독특한 무엇을 제공해야 하는가를 설명한다. 그리고 왜 사람들이 관심을 가져야만 하는가도 설명한다. 디자이너의 일은 이들 개념을 구체적이고 소구하는 것으로 만드는 것이다. 고객들은 정확이 그것 안에 그들 자신을 위한 무엇이 있는지를 알기를 원한다.

IBM이 그들 자신을 친숙하고 전문적인 서비스 기업으로 리브랜딩하는 데 있어서의 최근 성공은 중역진들을 타겟팅 함으로써 이루어졌다. IBM에 있어서 CEO, CIO, CFO는 수백만 달러의 기술 구매 결정자의 지갑을 잡고 있는 사람들이다.

IBM은 내부 팀으로부터 상충되는 충고에 대칭하는 결정권자들에게 직접적으로 말하기로 결정했다. 이러한 접근은 단순하면서도 효과적이었다. "당신은 우리가 당신의 문제를 해결할 거라고 믿을 수 있다. 우리는 IBM이다. 우리는 이러한 복잡한 모든 것들을 이해한다." 그러나 리브랜딩은 비즈니스 압력뿐만 아니라, 그것의 고무적인 메시지의 부분으로서 TV상의 소비자 소비자에게 보다 넓게 작용했다.

또 다른 IT기업인 오라클은 그들의 기업 브랜드에 집중하고 있다. 오라클의 노력은

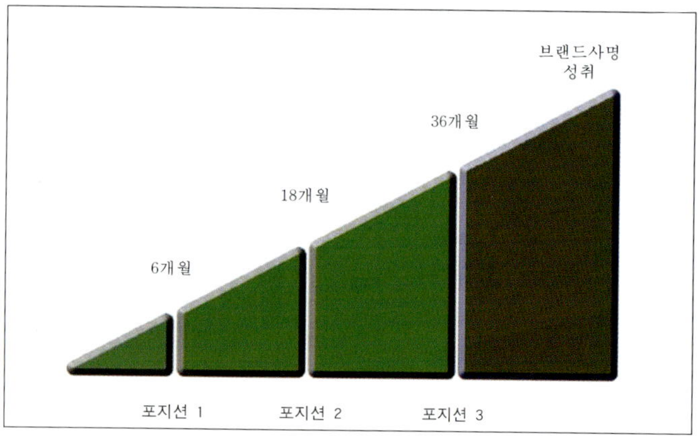

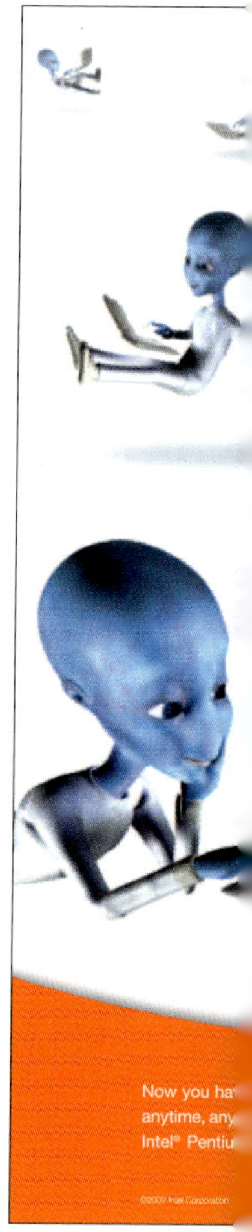

1
브랜드 사명
제품 또는 기업이 그들 브랜드 사명을 성취하는 데는 시간이 걸린다. 평균적으로 모델은 브랜드가 제대로 잘 형성되는 데에는 약 6년 정도가 걸린다는 것을 보여준다.

2 | 3
IBM은 성공적으로 친숙하고 전문적인 서비스 기업으로서 그 자신을 리브랜딩 하는 데 성공했다.

그들 자신을 e비지니스 소프트웨어의 선택적 제공자로서 캐스팅하는데 초점을 맞추고 있다. 다시 말해 그것의 리브랜딩은 빌보드와 인쇄 광고물 등 더 넓은 채널을 통한 비즈니스를 겨냥하고 있다.

당연한 결과로서, 마이크로소프트의 브랜딩 전략은 좀 더 확산되고 있다. 첫째, 그것은 속도가 느린 pc 시장을 계속 잡을 필요가 있다. 그러나 마이크로소프트는 그것이 새로운 네트워크 주도자와 함께 웹과 관련된 서비스와 인터넷의 핵심에 놓여 있는 비즈니스에 대해 말하고 있다. 그것은 또한 XBox와 함께 게임 시장에 초점을 맞춤으로써 젊은이들의 라이프스타일 브랜드로 나아가고 있다. 35

인수합병은 보다 넓은 영역으로 도달하는 브랜드 포지셔닝과 실행을 가지고 있다. 시바지기와 샌도즈가 합병할 때, 그들은 새로운 조직을 반영할 새로운 이름, 아이덴티티 그리고 포지셔닝을 만들어야만 했다. 그 브랜드가 노바티스이다.

다른 경우에 있어서, 개별 브랜드는 두개의 기업이 합병하거나 또는 한 기업이 다른 기업을 인수했을 때 강화될 수 있다. 예를 들면, 포드가 재규어를 샀을 때, 재규어 자동차의 신뢰도는 더 높은 수준으로 올라갔다. 그 라인의 브랜드는 스타일링, 우아함과 파워에 있어서 우수한 평판을 얻었다.

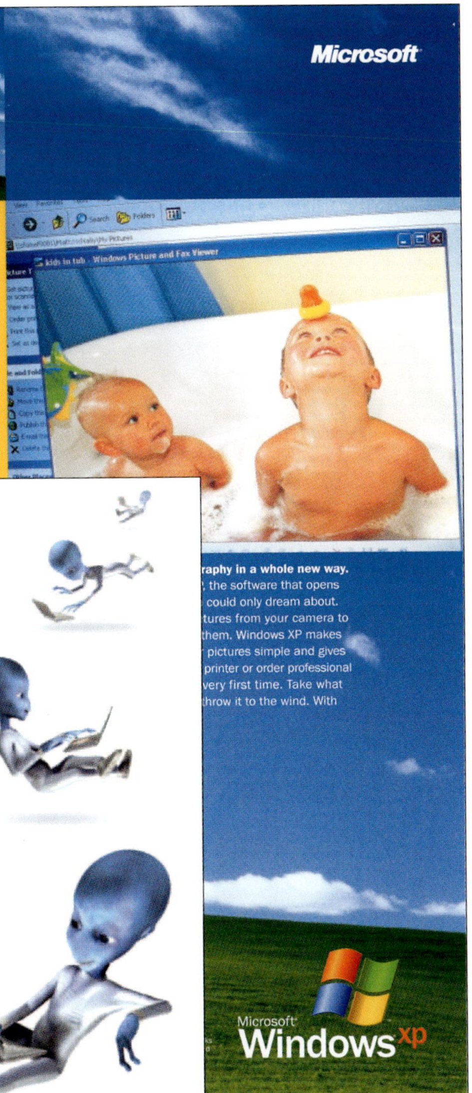

5

4

6

7

4
인텔 인사이드 캠페인은 다른 브랜드와 협조함으로써 포지셔닝을 이룬 좋은 예이다. 인텔 칩이 내장된 pc가 더 잘 실행된다는 명제는 어떠한 pc제조업자든지 함께 할 수 있는 브랜딩 캠페인이다.

5 | 6 | 7
이들 마이크로소프트 제품 각각은 그것이 작동하는 카테고리 내에서 주목받는 브랜드를 만들기 위해 관리되고 있다.

브랜드 퍼스낼리티

브랜드 포지셔닝이 브랜드가 고객들을 위해 무엇을 할 수 있는지에 초점을 맞춘 것이라면, 브랜드 퍼스낼리티는 브랜드가 고객에 대해 말하고자 하는 것과 고객이 그것에 대해 어떻게 느끼는지에 대해 집중한 것이다.

브랜드 퍼스낼리티는 브랜드 명제가 그들 타깃 소비자에게 무엇을 커뮤니케이션 하는가 이며, 그 과정의 상당 부분은 디자인이 이끌고 있다. 그것은 소비자의 퍼스낼리티에 대해 언급하는 것이 아니다. 오히려 그것은 더 적절한 사람들을 사로잡는 퍼스낼리티가 되도록 디자인된다. 예를 들면 버진 브랜드는 재미있고, 엉뚱하고, 충동적이며 불손하다. 이것은 브랜드가 하는 모든 것에 있어서 비주얼로 나타나야 한다.

디자이너들은 다음과 같은 질문을 해야 한다.

· 만약 브랜드 X가 사람이라면, 어떤 유형의 사람일까?
· 만약 브랜드 X가 사람이라면, 그 또는 그의 취미는 무엇일까? 어떤 종류의 옷을 입을까? 어떤 스포츠를 할까?
· 만약 브랜드 X가 집이라면 어떤 스타일의 집일까?
· 브랜드 X를 생각할 때, 마음속에서 제일 먼저 떠오르는 것은 무엇인가?

대안적으로 디자이너들은 다음 문장을 완성하는 스타일로 접근할 수 있다. "사람들은 … 때문에 브랜드 X를 좋아한다" 이러한 것들은 가치 있는 훈련이다.

다음으로 디자이너들은 브랜드에 있어 중요한 지위와 라이프스타일이 무엇인지를 결정해야 한다. 브랜드 퍼스낼리티는 항상 연상에 의한 자아 표현 기능을 가지고 있다. 사람들은 단지 자동차의 성능 때문에 메르세데스를 구입하지 않는다. 그들은 브랜드가 나타내는 인정된 지위와 라이프스타일 때문에 구입한다. 그들은 브랜드의 퍼스낼리티를 얻기 위해 돈을 지불하고 또는 그것과 연관되어 보이기 위해 돈을 지불한다.

상품과 서비스에 근거한 퍼스낼리티는 덜 화려하고 흥미로울 수 있는 경향이 있다. 사실상, 서프, 콜케이트, 타이드, 안드렉스 등은 제품의 정상에 있다는 퍼스낼리티를 개발하고자 하는 경향이 있다. 종종 그들은 소구하는 캐릭터를 만들어낼 것이다—보통 이름이 없거나 즉각적으로 알아볼 수 있는 것, 안드렉스 퍼피와 같은.

이것은 그들의 제품에 있어 더 커다란 실체를 가져다준다.

1 | 2
보스, 프라다, 캘빈클레인과 같은 고급스러운 라이프스타일 브랜드는 우수한 디자인과 좋은 품질을 바탕으로 뛰어남의 이미지를 모두 만들어내고 있다. 브랜드 이미지를 잘 사용하고 있는 또 다른 브랜드는 바디샵이다. 바디샵의 제품은 브랜딩에 있어 부분적으로 이국적인 분위기를 만들어내는 원칙들을 반영하고 있기 때문에 좋은 판매 실적을 얻고 있다.

1

2

3

4

그리고 고객들은 그들 브랜드를 좀더 친숙하게 만들기 위한 기업의 노력에 감사해한다.

가정용 기구 브랜드는 종종 퍼스낼리티가 없는 것으로 고려된다. 그들은 상품 아이덴티티를 가지고 있다. 그러나 월풀이 실행한 리서치에 있어서 세탁기를 만드는 회사, 월풀은 그들 브랜드가 부드럽고 여성적인 퍼스낼리티를 가지고 있다고 간주되는 것을 발견했다. 그들의 신중한 디자인 전략 덕분에 얻은 결과이다.

3 | 4
기업들은 종종 브랜드에 퍼스낼리티를 불어넣기 위해 캐릭터를 만든다. 안드렉스와 프링글은 매우 다른 카테고리이지만, 그것을 행하고 있다.

남성적, 여성적 또는 상냥한 퍼스낼리티는 많은 브랜드에 적합할 것이다. 그러나 이러한 특성의 연구는 제조업자 자신이 수행함으로써 흠이 되는 리스크를 안고 있다. 이러한 리서치는 브랜딩 실행이 용인할 수 있는 하나의 부분이다. 그것은 항상 고객이 무엇을 생각하는지를 발견하는 좋은 방법이다.

가정용 제품과 가전제품 시장에도 브랜드 퍼스낼리티는 디자인의 기회요소이다. 또한 시장에 있어서 브랜드를 차별화하는 좋은 방법이다. 그러나 주의해야할 점이 있다. 예를 들면, 브랜드는 여자들이 가정용 세탁기를 선택한다는 점, 또는 그들 어머니가 쓰던 개조되지 않은 상태의 것을 그대로 유지한다는 제안점에 대해 주의해야만 한다.

이들은 모든 브랜드가 가정용 제품 시장에서 피칭할 때, 특히 내장되어야 하는 진짜 사회적, 정치적, 문화적 그리고 성적인 이슈이다.

데이비드 마틴(David Martin)의 〈브랜드와 연애하기(Romancing The Brand)〉라는 책에서, 위대한 브랜드는 제품의 퍼스낼리티에 충성하는 광고와 함께 오랜 시간에 걸쳐 만들어진다. 브랜느 퍼스낼리티는 영원하다. 그것을 잃는다면 프랜차이즈를 잃는 것이다.

확실히 **맥도날드, 메르세데스, 월마트** 그리고 **버진**과 같은 브랜드들은 모두 퍼스낼리티를 가지고 있다. 수년 동안 동일한 퍼스낼리티를 유지한 채로, 그들의 포지셔닝 뿐만 아니라, 그들의 퍼스낼리티와 그들의 가치까지 발전시키기 위해 성공적으로 관리해온 브랜드들이 있다.

이러한 예의 한 가지는 영국의 포도당 드링크, **루코제이드**이다. 이것은 원기 회복의 약효를 연상시키는 브랜드이다. 그것은 트렌디하고 스포티한 라이프스타일 브랜드로 리포지셔닝하고 있다.

루코제이드는 인기 있는 인물들을 등장시켰다. 영국의 축구 선수인 마이클 오웬에서부터 게임 아이콘인 라라 크로프트에 이르기까지. 그들은 브랜드의 얼굴이 되었다. 그것은 영리한 전략이다. 각각의 인물들은 젊은이들에게 강조될 뿐

5

5 | 6
졸리 그린 자이언트, 필스버리 다프보이, 베이비 벨 카우, 페리 리퀴드 베이비는 상품 형태의 제품에 퍼스낼리티를 주고자 시도하는 캐릭터의 예들이다. 하나의 캐릭터 – 캡튼 버드의 눈일지라도 – 는 완전히 젊은이들을 겨냥한 시장을 끌기 위해 재이미지화했다.

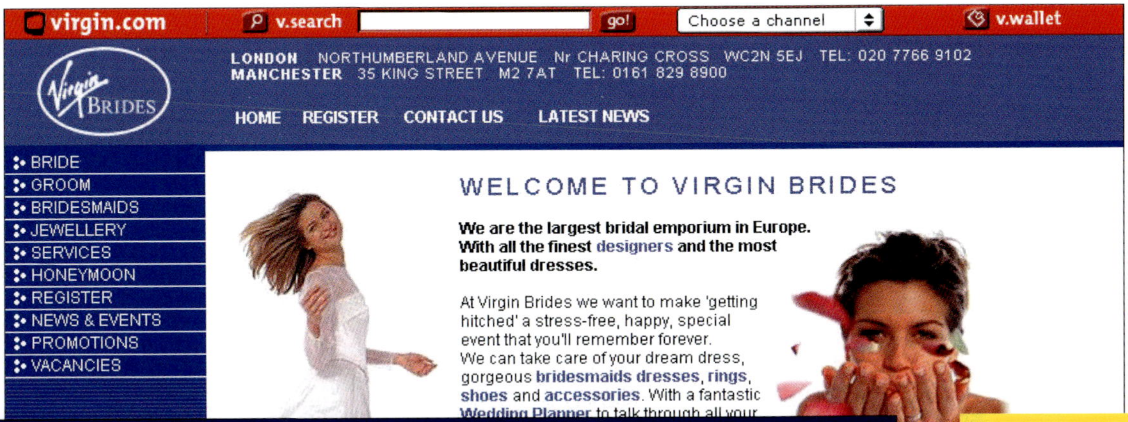

7

8

6

만 아니라, 모든 세대를 교차하는 특성을 가지고 있다. 이렇게 함으로써 루코제이드는 사용자의 어떠한 특별한 집단도 멀리하지 않고 그들의 고객 베이스를 확장하고 있다.

또 다른 최근의 예는 영국에서 가장 큰 모바일 오퍼레이터인 원 투 원이다. 2002년에 그것은 T-모바일로 리브랜딩하였다. 회사는 "..우리 브랜드의 새로운 퍼스낼리티는 자신감이다-원 투 원이 가지지 못했었던 그 어떤 것"이라고 말했다.

디자이너들은 브랜드의 필수적인 퍼스낼리티를 변화시켜야 할지 또는 시장에서 그것의 상대적인 포지셔닝에 맞춰야 할지를 인식해야만 한다.

7 | 8
버진 화장품, 버진 대형 상점, 버진 트레인, 버진 모바일, 그리고 버진 브라이드, 이 모든 것은 하나로 뭉친 버진 브랜드의 중심 가치를 반영하고 있다. 이들은 돈, 품질, 서비스, 재미 그리고 헌신을 향한 가치이다.

브랜드 아키텍처

대부분의 거대 기업들은 한 브랜드로 출발한다. 그리고 몇 년 후 인수와 성장으로 그들 포트폴리오는 마침내 몇 개의 브랜드를 가지게 된다. 그러나 그들이 종종 생각하는 데 실패하는 것은 디자인의 함축적 의미와 시장에서 이들 모든 브랜드가 효과적으로 유지되는 비용이다.

브랜드 아키텍처는 브랜드 포트폴리오의 실행이다. 가장 일반적으로 그것은 기업 브랜드와 서브(또는 계열) 브랜드 사이의 관계, 또는 기업 브랜드와 그것의 중요 제품과 서비스 브랜드 사이를 정의한다.

브랜드 아키텍처에는 4개의 중요한 유형이 있다. 이것들을 이해하는 것은 중요하다. 왜냐하면 각각은 디자인에 중요한 영향을 미치는 규칙을 가지고 있기 때문이다.

단일 브랜드(Monolithic Brand): 가장 상위에서 제어하는 브랜드로, 제품과 서비스의 이름은 단순히 중요 브랜드와 관련되어 주어진다. 버진의 제품과 서비스의 경우에서처럼. 이것은 디자이너가 새로운 서브 브랜드가 나올 때 할 수 있는 것에 대해 매우 한정적이라는 것을 의미한다. 모 브랜드와 함께 같은 선상에서 디자인되어야만 하기 때문이다.

강한 보증 브랜드(Heavy Endorsement Brand): 강력한 서브 브랜드는 강력한 모 브랜드가 있다. 가장 좋은 예는 자동차이다. 토요타 셀리카, 토요타 수프라, 토요라 코롤라와 같이 브랜딩은 보통 모델 라인에 근거한다. 새로운 브랜드를 디자인할 때 디자이너는 메인 브랜드의 중요성을 인식해야 하지만, 모 브랜드가 지나치게 강조되어서는 안 된다.

약한 보증 브랜드(Light Endorsement Brand): 모 브랜드의 역할이 약하다. 단순히 서브 브랜드의 지원자로서 역할을 한다. 예로는 스미노프 보드카로부터 홀로 선 브랜드인 스미노프 아이스, "레디 투 드링크" 또는 RTD.

뉴 브랜드(New Brand): 모 브랜드와 관계가 없다. 예를 들면, 온라인 뱅킹 서비스 에그가 영국에서 런칭되었을 때, 세계적으로 거대한 푸루덴셜 보험인 모 브랜드와 분리되었다. 이것은 전적으로 새로운 디자인 스킴을 허용했고 퍼스낼리티가 만들어졌다.

1

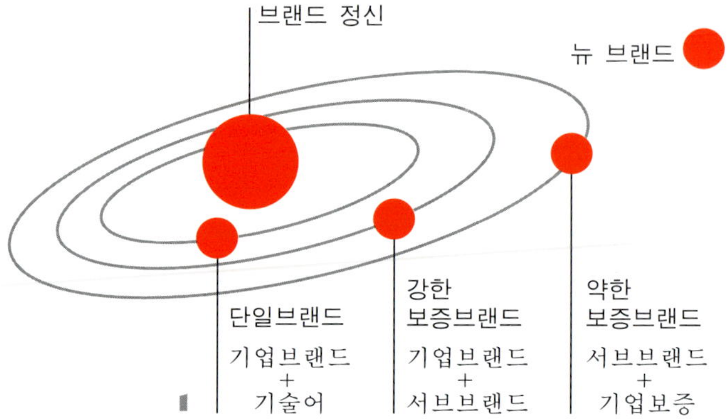

1
브랜드 아키텍쳐를 위한 모델
기업의 장기적인 브랜드 전략의 심장에 있는, 브랜드 정신을 이해함으로써 브랜드와 그것의 서브 브랜드사이의 관계를 구분할 수 있다.

2
알코팝(알콜 음료) 카테고리에 들어갈 때 스미로프는 보드카 카테고리에 있는 모 브랜드의 가치를 이용하기 위해 보증된 서브 브랜드를 만들었다.

2

3

6
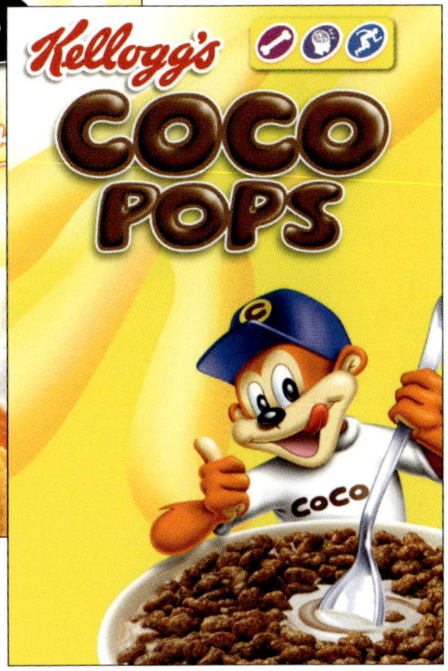

4

5

7

8

3|4|5|6|7|8
켈로그는 매우 강력한 모브랜드를 지키고 있으며, 이와 동등할 정도로 강력한 서브 브랜드를 만들었다. 매우 경쟁적인 시리얼 시장에서 더 넓은 영역을 개발하기 위해.

9|10
몇몇 브랜드는 모브랜드와 달리 명확하게 만들어진다. 왜냐하면 새로운 브랜드의 아이덴티티는 모 브랜드의 모든 가치를 공유하지 않거나, 다른 고객 군에게 어필하고자 하기 때문이다. 이러한 브랜드중 하나는 에그이다. 에그의 모 브랜드인 푸루덴셜은 명백히 다르게 에그를 유지하고 있다.

PRUDENTIAL 9

what's in it for me?
egg™ 10

브랜드 관리

브랜드 아키텍처가 분류될 때, 브랜드 디자인은 시장 상황과 유행에 따른 변화를 반영하기 위해 오랜 기간 동안 관리될 필요가 있다.

브랜드 가치를 관리하는 것은 매우 중요하다. 그것은 성장으로부터 성숙으로 이동할 때, 특히 디자인에 있어서 변화의 속도가 가속화될 때 그렇다. 대부분의 브랜드는 신선하게 유지될 필요가 있으며, 모든 것은 연관성을 유지할 필요가 있다. 그리고 이들은 브랜드 디자인에 있어 중대한 테스트이다.

지난 몇 세기에 걸쳐 기업들이 브랜드 관리를 지휘하는 방법에 있어서 중대한 이동이 진행되었다. 초점은 브랜드의 활동 영역이 지역 산업에서 글로벌 시장으로 이동하고 있다는 것이다. 이것은 일회적인 전술적 측정에서 보다 넓은 전략적 사고로 변화해야 함을 의미한다.

오늘날, 전략적 사고는 '글로벌하게 생각하고 지역적으로 행동하라'는 방향으로 움직이고 있다; 제품 관리에서 카테고리 관리로의 이동 그리고 제품 브랜딩에서 기업 브랜딩으로의 전환.

이들과 유사하게 브랜드를 무차별적으로 푸시하기보다 고객과의 관계에 보다 더 초점을 맞추고 있다는 점이다. 이들 모두는 브랜드 자산의 관리를 의미한다. 그것은 브랜드와 고객과의 강력한 관계를 요구한다.

장기적 브랜드 관리는 브랜드와 디자이너에게 있어서 힘든 도전이다. 그것은 모든 마케팅과 디자인 결정의 장기적 관점을 요구한다. 때때로 시장 상황을 유력하게 하기 위해서는 브랜드의 하나 또는 그 이상의 요소는 그들의 가치를 유지하기 위해 변화해야만 한다.

특히, 주의를 기울여야 하는 재정 서비스 브랜드는 경제적 침체기와 상승을 위해 급진적으로 그들의 초점을 대체해야만 한다. 침체기에 있어서 브랜드 디자인과 메시지는 "우리는 당신 자산을 보호하고 관리하는 것을 도울 수 있다"로 말한다. 상승기에 있어서, 초점은 이렇다"우리는 당신의 투자를 키우는 것을 도울 수 있으며 새로운 기회를 얻게 해줄 수 있다" 그러나 브랜드의 가치를 강조함으로써 동일한 것을 유지해야 한다.

때때로 기업은 고객들이 말하는 것도 수용한다. 예를 들

1 | 2
DFW 공항은 기업의 로고와 아이덴티티의 적절한 이용을 위해 모든 도소매 상인과 서비스 인원들에게 필요한 지시사항에 관한 온라인 가이드를 가지고 있다. 이것은 모든 파트너가 올바르게 브랜딩하고 로고를 적용하는 것을 지키는 것이다.

3
제너럴 일렉트릭은 온라인에 그들의 브랜드 기준을 발표했다. 그 사이트는 GE 모노그램의 적합한 이용에 관한 참고 자료를 제공한다. 또한 글로벌 네비게이션 바와 상세한 설명서를 첨가하고 있다.

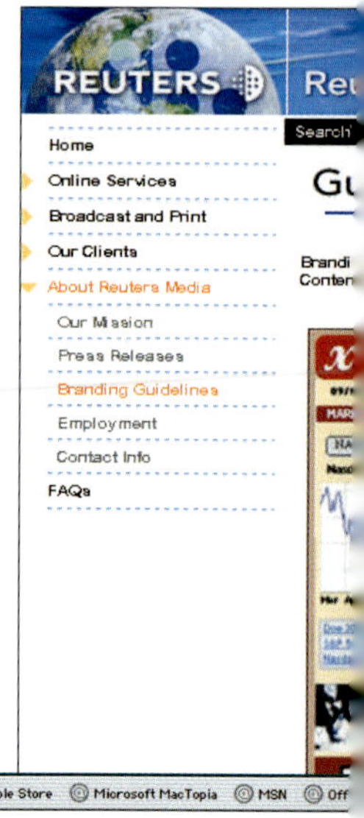

1 2

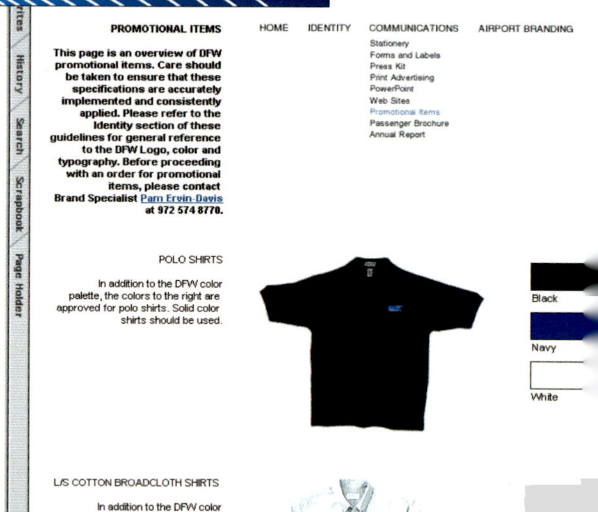

3

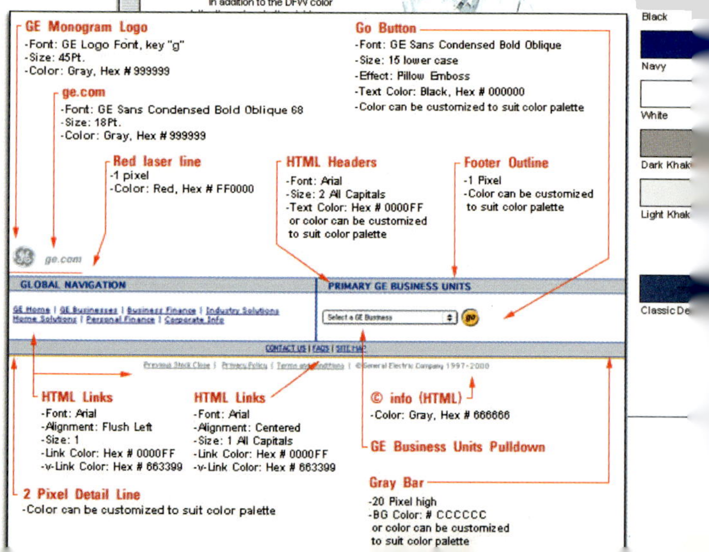

4

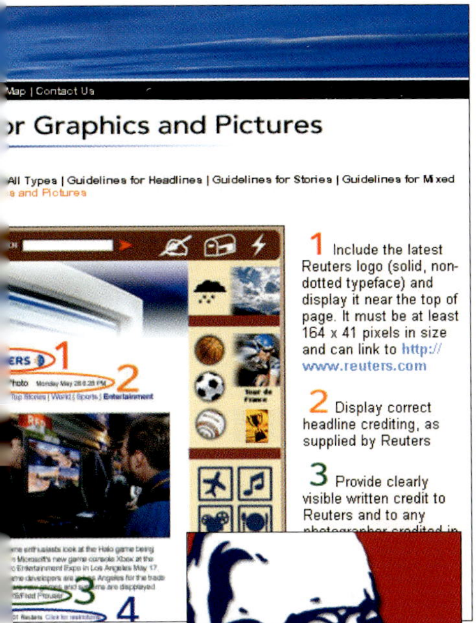

5

4
로이터는 온라인 브랜딩 가이드라인을 만들었다. 그것은 그들 파트너를 겨냥하고 있으며 또한 공공에게 유용한 것이다. 사이트는 이용자들이 페이지 레이아웃, 아이덴티티 그리고 기업 트레이드마크의 적절한 사용을 이해할 수 있도록 하였다.

5
더 호의적인 이미지를 커뮤니케이션하기 위한 시도로 켄터키 후라이드 치킨의 이름은 KFC로 줄였다. 기업은 또한 전통을 유지하기 이한 수단으로서, 그의 모습을 업데이트 시켜 콜로넬 샌더스의 캐릭터 심벌을 집어넣은 새로운 로고를 도입했다.

■ **해야 할 것**

단순한 가이드라인 이상을 제공하라. 이것은 다운로드할 수 있는 템플리트(보기판), 스타일 시트, 이미지, 코드 또는 다른 어떤 브랜드 관리 사이트의 유틸리티를 개선하는 도구로서 제공될 수 있다.

항상 단순함을 유지하라. 이것의 목표는 따라오는 브랜드 기준들의 어려운 과제를 보다 더 쉽게 만드는 것이다.

항상 그것을 업데이트시켜라. 구시대의 가이드라인 또는 업데이트 되지 않는 웹 사이트보다 더 최악의 것은 없다.

■ **하지 말아야 할 것**

단지 문서만을 배치시킨다. 단순하게 브랜드 기준들을 설명하는 문서를 제공하는 것은 충분하지 않다. 작업 사례와 템플리트(보기판)을 제공해야 한다.

이용자를 무시한다. 단순한 웹 트래킹 도구 또는 이용자 등록 윈도우는 그 웹 사이트를 이용하는 사람들과 그들이 다운로딩하고 있는 기관을 이해하는데 도움을 줄 수 있다.

그 일이 끝났다고 생각한다. 효과적인 브랜드 관리는 지속적인 과제이다. 웹에 근거한 시스템과 도구는 단지 마케팅 과정의 비효율성의 몇 가지를 극복하기 위해 디자인 된 것이다.

면, **페데럴 익스프레스**는 모두가 그들을 **페덱스**라 부르는 것을 알고 있다. 그들은 그 사실을 받아들였고 이름을 바꾸었다. **페덱스**가 탄생했고 새로운 로고와 디자인 스킴이 도입되었다. 이것은 브랜드에게 아무런 손해를 입히지 않았다. 오히려 그들 고객과 **페덱스**의 관계를 강화시켰다. 고객들은 페덱스의 움직임에 대한 소유권을 느꼈다.

유사한 움직임은 정기간행물에 있어서도 수년 동안에 걸쳐 이루어졌다. 예를 들면, 그들은 이름을 줄여 쓰고 더 단순하게 발전시킬 기회를 가졌다. 좀더 눈길을 끄는 디자인이 신문가판대 위에서 관심을 끌고 있다. 정기간행물들은 그들의 독자층을 유지하느냐에 따라 살거나 죽는다.

일반적으로 브랜드 관리의 방법에 있어 사용되는 한 가지는(특히 프랜차이즈 브랜드에 있어서) 인터넷에 그 브랜드의 표준을 배치하는 것이다. 몇 가지 힌트는 다음과 같다.

브랜드 경험

많은 기업들은 기대를 고객 쪽으로 전환함으로써 수백만 달러를 사용한다. 오직 경쟁자들이 그들의 로얄티를 잃게 하기 위해서. 무엇이 브랜드 디자이너로 하여금 이것을 멈추게 할 수 있을까, 그리고 비즈니스에 있어서 고객들의 격렬한 움직임을 최소화할 수 있을까?

대답은 먼저 고객들이 특별한 브랜드에 대해 가지고 있는, 또는 가지고 있지 않는 경험을 이해하는데 놓여있다. 이것은 브랜드가 그들 고객과 만나는 접촉점에 대한 정교한 이해를 요구한다(20 페이지를 보라). 접촉점(touchpoint)은 고객이 브랜드와 접촉하는 어떠한 포인트이다. 다양한 접촉점은 긍정적으로 또는 부정적으로 그들에게 영향을 미친다.

그것이 소매상이건, 메일을 통해 보내진 은행청구서이건, TV 광고, 길 위의 빌보드, 또는 전화상의 고객 서비스 상담원에 이르기까지 무수히 많다. 이들 각각의 접촉점은 고객에게 강력한 인상을 남긴다. 4장에서 좀 더 자세히 살펴보고 분석할 것이다.

접촉점의 개념을 이해하는 것은 강력한 브랜드 전략에 버팀목을 대는 것이다. 이것은 나날이 거세어지는 시장의 압력 위에서 경쟁우위를 차지할 수 있는 방법이다. 오늘날 많은 고객들은 그들 브랜드에 대해 독특하고 특별한 어떤 것을 경험하기 위해 바라본다. 대개 브랜드의 경쟁자들은 만약 그들의 브랜드가 하지 않는다면, 그것을 제공할 것이기 때문이라고 말할 수 있다. 모든 새로운 디자인 스킴, 서비스 또는 부가가치는 경쟁 게임에 있어서 내기를 건다. 그러나 고객들 또한 매체에 정통해 있거나 매체를 신뢰하지 않는다. 그래서 약속은 구체적인 어떤 것을 전달해야한다.

디자인은 브랜드 가치를 실제의 경험으로 전환해야 한다. 가게에서 또는 그것과 동등한 가상세계에서의 경험을 통해 로고, 컬러 스킴, 유니폼 그리고 서비스 문화 등 제품의 모든 통로로부터 브랜드 가치를 경험한다.

스타벅스는 그들 제품에 있어 그들 자신의 언어를 만들었다. 그러므로 브랜드 디자인과 그들 제품을 소비하는 경험 둘 다를 강화하였다.

2

2
레브론은 시대와 대륙을 거쳐 그것이 상징하는 것을 관리하고 있다. 레브론의 찰스 레브손은 "우리는 화장품을 파는 비즈니스를 하고 있는 것이 아니다. 우리는 희망을 파는 비즈니스를 하고 있다"는 유명한 말을 하였다.

3

3 | 4
새로운 영역은 훑어보기를 고무하는 환경을 만듦으로서 소매의 규칙을 변화시키고 있다. 그것은 인 하우스 커피숍과 라이프 퍼포먼스에서와 같은 추가적인 것을 통해서 책과 CD를 구매하는 경험을 강화시키고 있다.

4

브랜드 디자인

브랜딩의 열쇠

명백한 디자인 전략은 어떠한 유행에 따라 행동하도록 설득하는 방법에 있어서 브랜드에 대한 사람들의 인식에 영향을 미치는 것을 돕는다. 예를 들면, 소비자들은 구매하도록 설득당할 수 있고 제품과 서비스를 이용하도록 설득당할 수 있다. 그리고 더 높은 가격에 구매함으로써 그 이유에 기꺼이 기부한다. 브랜딩이 전형적으로 경쟁적 환경에서 실행됨에 따라 목표는 사람들로 하여금 경쟁우위에서 그 브랜드를 더 선호하도록 설득하는 것이다.

브랜딩의 중요한 요소를 이해하는 것은 디자이너에게 아주 중요하다. 그것은 브랜드의 가치를 생활로 가져가는 것을 돕는다.

브랜딩의 디자인 요소는 다음과 같다.

- **경험적:** 구매자가 제품 또는 서비스를 구매할 때 어떻게 느껴야만 하는가? 디자인에 있어서 이것은 어떻게 커뮤니케이션 되어야 하는가?
- **기능적:** 이러한 브랜드가 구매자에게 제공하는 혜택은 무엇인가? 이것은 디자인에 있어서 어떻게 커뮤니케이션 될 수 있는가? 그리고 이것은 직접적으로 또는 함축적으로 행해져야만 하는가?
- **감성적:** 우리는 고객이 이러한 브랜드를 소유하는 것에 대해 어떻게 느끼기를 원하는가? 그리고 실제로 고객들은 우리의 선택된 디자인 전략이 주어졌을 때 어떻게 느끼는가?
- **이성적:** 대안적으로 브랜드는 구매자의 논리적인 면에 소구할 것인가? 이것이 우리가 원하는 것인가? 그리고 이것은 디자인에 있어서 어떻게 커뮤니케이션 될 수 있는가?
- **문화적:** 브랜드 구매의 문화적 요소가 있는가? 어떤 이들 사이에서 그런가? 왜 인가? 브랜드가 이것을 반영하고 있는가? 또는 구매의 문화를 브랜드에 반영하고 있는가?
- **시각적:** 브랜드는 무엇처럼 보여야만 하는가? 그리고 왜 인가? 여기에 요소들은 컬러, 타이포그래피, 로고, 그리고 패키지를 포함한다. 이것들이 타깃 마켓에게 어떻게 어필하는가?

우리는 브랜드의 가치를 비주얼로 나타내고 있는 방식에 따라 읽고 있다. 대안적으로, 브랜드의 비주얼 아이덴티티는 다른 수단들에 의해 우리에게 커뮤니케이션 되고 있는 가치를 나타낼 수 있다. 어느 경우에나 컬러, 네임, 로고 그리고 타이포그래피는 우리가 보는 것이며 처음으로 등록되는(마음에 남는) 것이다. 그들은 브랜드의 심벌이 되며 우리에게 연상이미지로 남는다.

비주얼 아이덴티티의 헌신에 있어 나이키의 심벌은 단지 하나의 브랜드를 나타내는 것이 아니라, 그들이 무엇을 하건 간에 뛰어나기 위한 또는 최선을 다하기 위한 영감을 상징한다. 나이키는 브랜딩 전략이 잘 실행되었을 때 얼마나 설득적일 수 있는가에 대한 사례이다.

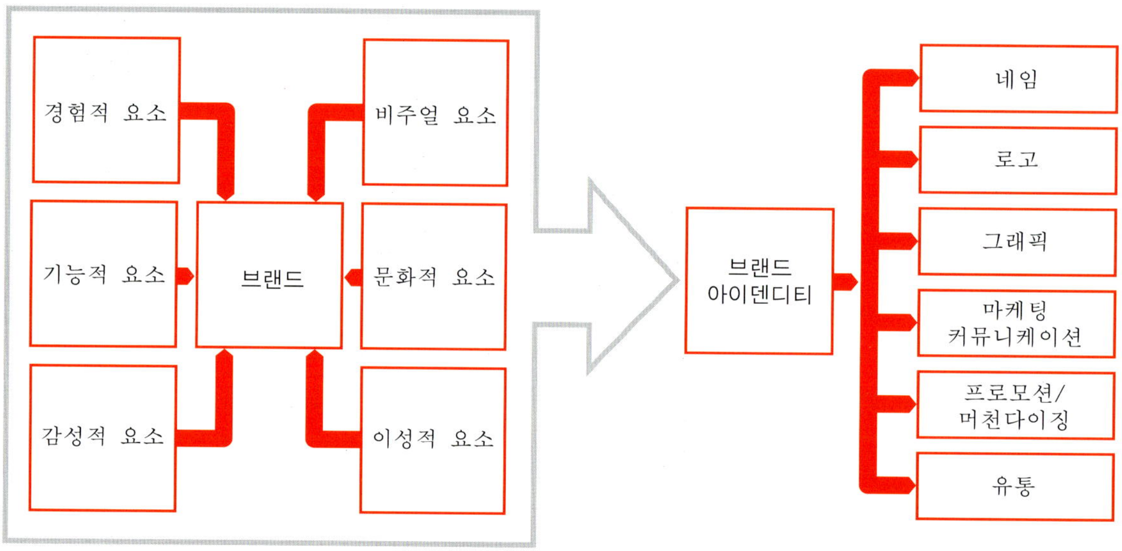

브랜딩의 요소
브랜드가 무엇인지 또는 무엇을 하는지 그리고 사람들이 어떻게 그것에 대해 반응하는지를 이해하는 것은 디자이너에게 매우 중요하다. 왜냐하면 그것은 디자이너가 브랜드 가치를 가장 적정한 요소 또는 요소들의 결합체들을 통해 생활로 가져가는 것을 돕기 때문이다(예, 네임, 로고, 그래픽 등)

2
이들 모든 음악 브랜드들은 일본의 전자회사이며 거대한 음반회사인 소니가 소유하였다. 각각의 브랜드는 그 레벨을 위한 음악 프로듀스를 반영하도록 디자인되었다.

컬러

기업들은 소비자가 컬러를 통해 차별화를 느낄 수 있도록 하는 브랜드를 만드는데 수백만 달러를 사용한다(특히 컬러가 그들의 패키지의 중요한 포인트가 될 때). 세계적 수준의 브랜드가 즉각적인 인지 효과를 얻을 수 있었던 것은 많은 기업들이 이들 글로벌 비주얼 언어를 지적으로 사용하는 것을 추구했기 때문이다.

제조업자들은 가능하다면 그들의 브랜드가 자신만의 컬러를 갖기를 원한다. 어떤 컬러의 보편적인 채택을 통해 제품의 타입을 나타내게 될 때조차. 예를 들면, 레드는 소프트 드링크 회사, 특히 콜라 음료에 있어서 넓게 채택되고 있다.

코카콜라는 뛰어난 예이다. 콜라 스타일 음료의 빅 네임 버전과 많은 자체 브랜드에도 불구하고, **코카콜라**는 그 자신을 콜라 레드의 창시자로서 간주할 수 있다. 판매 브랜드 버전들은 거의 틀림없이 코카콜라의 견고한 비주얼 아이덴티티를 강화하고 있다.

코크의 주요 라이벌인 **펩시콜라**는 카테고리의 기준에 대항하여 움직였고 블루를 채택함으로써 판매 브랜드 모방자들의 과잉 상황에서 떨어져 나왔다. 그리고 그 자신을 그들의 경쟁자로부터 분리시켰다.

하늘색은 거의 식료품으로 연상되지 않는다. 그러나 **하인즈**는 그것을 그들의 유명한 브랜드와 동일한 의미로 만들었다. **셸**의 노랑, **캐드버리**의 보라, 그리고 **하이네켄**의 그린은 모두 고객들에게 각각 다른 가치를 나타낸다.

1 | 2 | 3 | 4
여기서 보이는 컬러는 브랜드를 상징하게 되었다. 이들 브랜드는 이제 그 카테고리와 컬러의 배합을 소유하는 것까지 확장되었다. 그것이 코크의 레드, 하이네켄의 그린 또는 펩시의 블루이건 간에.

많은 담배 브랜드를 포함하여 뛰어난 다른 브랜드들은 특정한 컬러를 연상시킴으로써 아이덴티티를 형성한다. 이들 중 몇몇은 브랜드의 컬러 아이덴티티에 집중하는 영리한 담배 광고 캠페인을 통해 흡연의 이미지에 대한 공공의 불안을 회피하고 있다.

오늘날 소비자들을 그들이 기대하는 제품의 범위 내에서 컬러 코딩을 사용하게 되었다. 그리고 어떠한 변화는 혼란과 갈등을 가져왔다. 그것은 나쁜 퍼블리시티(공표)를 의미한다.

이러한 것의 고전적 사례는 소금과

2

3

식초 감자칩으로 알려진 영국의 스낵 회사 **워커스**였다. 전통적으로 몇 개의 제조업자들이 내놓은 소금과 식초 칩은 자체 컬러인 블루를 이용했다—그것은 유용한 sku(재고품 관리 단위). **워커스**는 그린 패킷(다발)에 놓기로 결정했다. 이러한 움직임은 처음에 혼란을 야기했다. 그린은 그때까지 인기 있는 치즈와 양파 향에서 가장 많이 연상되는 색깔이었던 시기였다. 그러나 그 전술은 효력을 발생하고 판매가 일어났다.

고든의 명확한 그린은 진 바틀링(병에 채워넣기)의 기준이 되었다. 그러나 이것은 그들의 경쟁자, **봄베이 사피어**에게는 기회를 나타낸다. 블루 톤의 유리병은 진을 푸르게 보이게 했으며, 이것은 전통적인 브랜드를 좀 더 현대적으로 보이게 했다.

모양과 결합된 상태에서 컬러는 승리 브랜드를 만들 수

4

있다. 페리어의 병이 설명하듯이 독창적으로 사용될 때 그렇다. 특히 브랜드에 있어 카테고리를 깨는 컬러는 거대한 영향력을 만들 수 있다. 하인즈가 그들의 토마토소스의 컬러를 그린으로 변화시켰을 때처럼, 거대한 평판을 얻을 수 있다.

브랜딩 이슈로 컬러를 사용되고자 하는 의도가 없었다 할지라도 이제 많은 브랜드들은 근본적으로 컬러를 연상시키고자 한다. 좋은 예는 옐로우 페이지이다. 옐로우 페이지의 주소 서명록이 처음에 옐로우로 만들어진 것의 이유는 단순했다. 지루하거나 졸린 오퍼레이터의 관심도를 유지시키기 위한 것이었다. 오늘날 컬러는 그 브랜드가 무엇에 관한 것인지를 말해주는 데 절대 필요한 부분이다.

옐로우 페이지는 그 컬러를 스핀오프 벤처들의 무미건조한 이름조차 이용하고 있다. 예를 들면 온라인 서비스인 엘(www.yell.com)조차 영리하게 이용하고 있다.

그러나 브랜드는 어떤 컬러에 대한 문화적 그리고 국제적인 의미에 대해 주의해야 한다. 예를 들면, 동남아시아의 일부에서는 블랙을 죽음의 컬러로 받아들인다. 물론 그것은 전세계적이지만, 컬러의 사용은 좀더 신중하야 한다. 많은 인터넷 사이트 기업들은 블랙 백그라운드로 디자인되었거나, 또는 그 컬러의 특징이 매우 무겁다. 인터넷은 글로벌 매체이다. 그래서 그것은 항상 인식 상에 있어서 지역적으로 민감한 부분들에 대해 잠재성을 내재할 가치가 있다.

5

6

5 | 6
하인즈는 베이키드 빈의 카테고리를 나타내기 위해 논푸드 컬러를 사용하였다. 그렇게 관리한 결과, 지금은 카테고리와 함께 동일한 의미로 만들었다. 모바일 기업인 오렌지는 오렌지 컬러를 그들의 것으로 만들었다.

7 | 8 | 9 | 10
컬러는 카테고리를 상징한다. 쉘의 노랑, 카드베리의 보라, 고든의 그린, 그리고 그들 칩의 다양한 맛과 향을 정의내리기 위해 다양한 컬러를 사용하는 영국 스낵 회사인 워커스. 이들 모두는 그 사실의 예이다.

7

8

9

10

16-25세의 여성 시장에 있어 의류 카테고리를 위한 새로운 라벨을 만든다고 상상해보자. 소비자는 ABC1 인구통계적 그룹에 있다. 자유로이 쓸 수 있는 높은 수입을 가지고 있다. 그들은 유행에 민감한 옷을 입고 매 계절마다 바꿔 입는다. 기업은 그 브랜드를 마리사라고 부르기로 결정했다. 타이포그래피는 브랜드의 퍼스낼리티를 만든다. 그리고 이들 각각은 매우 다른 캐릭터를 나타내는 상반된 신호로 보인다.

A 사례는 성숙한 어른 대신에 좀더 어린 소녀들에게 말한다. 그것은 소녀스럽고 약간은 화려하다. 시시하지만 미학적이라고 하기에는 충분히 아이러닉하지 않은 저소득층 제품을 제안하는 것 같다.

B 사례는 신중하고, 여성스럽고 매력적이다. 이것은 영감적인 어떤 것을 제안하고 있다. 성숙하고 어른스럽다. 그들이 목표로 하는 고전적 품질의 표시를 나타낸다.

C 사례는 트렌디하고 클럽 문화의 소비자에게 말한다. 좀더 좌익 스타일의 정기간행물을 사는 소녀들에게 그리고 음악과 친구, 주말 그리고 순간을 위해 사는 사람들에게 어필한다.

어떠한 브랜드 디자이너는 시장, 디자인 브리프, 그리고 그것의 잘못된 함축적 의미까지 이해해야만 한다. 모든 인구통계적 그리고 문화적 집단으로부터 소비자들은 모두 디자인 게임에 있어서 기꺼이 플레이어이다. 그들은 그들에게 무엇을 겨냥하고 있는지를 알고 있다. 그들의 시장과 그들의 인구통계적 특성을 지닌 집단에게 있어 무엇이 문제인지를 안다.

특히 젊은이들은 마치 그들을 위한 것인 양 하는 브랜드를 더럽힐 수 있다. 어떤 브랜드가 젊은이의 언어를 말하기를 열망한다고 할 때, 만약 그들이 오해한다면 그 브랜드는 죽을 것이다. 이것은 특히 친구들로부터 나오는 집단 압력이 올바른 브랜드로 보이게 하고, 그것이 진실인 것으로 받아들여진다.

제품은 좋으나 그 라벨이 잘못되었다면 어떤 결과가 나올까? 그 이름인 마리사는 컨셉적으로 괜찮은가, 그것이 위의 각각의 타이포그래피에 얽혀있을 때 어떠한가?

타이포그래피 스타일은 그것의 즉각적인 배치에 의해 브랜드의 이미지를 조정한다. 강력한 단독의 많은 브랜드들은 좋은 타이포그래피의 배경위에 그들의 아이덴티티를 형성하고 있다. 브랜드의 가치를 나타내는 제품과 서비스 문화와 어울리도록 설계되어있다.

이들 폰트 각각은 브랜드 마리사에 있어서 매우 다른 퍼스낼리티를 만들고 있다.

ssa

B MARISSA

SSA.

C Marissa

RISSA

a MARISSA

1

1
타이포그래피와 사진의 사용은 퍼스낼리티를 반영한다. 그리고 뉴스 가판대 위의 정기간행물들에게 있어 그들 각자의 목소리를 만들어 낸다.

타이포그래피가 중요한 역할을 하는 산업은 전형적으로 브랜드와 고객들의 상호작용이 매우 친숙한 분야이다(패션, 미용, 그리고 정기간행물과 같은 출판물 등). **코스모폴리탄, 보그, 지큐, 맥심**과 같은 라이프스타일 정기간행물들은 그들의 비주얼(특히 그들의 발행인난에서 타이틀이 어떻게 조판되었는지)을 통해 매우 다른 가치들을 커뮤니케이션 하고 있다. 가득 찬 뉴스가판대위에서 브랜드는 그들의 타깃 독자들에게 빨리 말할 수 있다. 그리고 경쟁 제품으로부터 그들의 관심을 뺏을 수 있다.

커버 디자인은 출판물에 있어서 브랜드 디자인의 모든 것인 동시에 최종적인 것이다. 커버는 이슈를 만들거나 깨뜨리며 때때로 정기간행물 그 자체조차 유지시키거나 깨뜨린다. 판매 숫자와 광고 통계는 최상의 단위를 옮기는 누군가의 얼굴을 보기 위한 잠깐의 시간동안에 읽게 된다. 이와 같은 통계는 유명인사의 A－리스트와 B－리스트의 매체 파워를 만들 수 있다. 이것은 종종 그들의 월급봉투보다 스타의 인기에 대해 더 많이 얘기한다.

몇몇 브랜드들은 그들 자신을 위해 비주얼 시그네춰를 만들기 위해 독특한 타이포그래피를 사용한다. 이들 브랜드는 특히 패션 세계에 있어서 일반적이다. **샤넬**의 연결된 C, L과 V가 겹친 **루이뷔통, 캘빈 클레인**의 CK. 이들 모두는 고객들과 커뮤니케이션하는 강력한 비주얼 시그널이다. **루이뷔통**과 같은 몇몇 브랜드는 고객들이 그들 자신이 누구인가를 정의하기 위해 사용하는 심벌로서 그들 자신의 권리로서 추구하게 되었다.

2

2
패션 브랜드는 제품과 새로운 제품 개발의 다양성에 있어 그들의 마크로 활용할 수 있는 시그네춰를 개발하고자 한다. 샤넬의 서로 엉켜 있는 더블 C는 브랜드의 강력한 비주얼 회상 도구이다. 이러한 브랜드에 있어 올바른 로고를 디자인하는 데는 많은 어려움이 따른다.

3

3
알뤼르, 와이어드 그리고 코스모폴리탄과 같은 정기간행물들은 그들의 타이포그래피와 이미지를 이용하여 강력한 아이덴티티를 형성하고 있다. 이들과 같은 브랜드들은 뉴스가 판대에서 식별하기가 쉬우며, 타깃 소비자를 쉽게 사로잡는다.

로고

로고는 브랜드의 가장 강력하고 친숙한 비주얼 표현이다. 로고는 비즈니스를 시각적으로 상징하며, 브랜드를 그들의 역사적 전임자와 연결시킨다(1장에서 논의했듯이). 궁극적으로 로고는 기업의 가치와 미션을 포착하여 전달해야한다. 고객들이 로고를 보았을 때, 단지 누가 그것을 나타내는지 그것만을 알아야 하는 것이 아니라, 무엇을 나타내는지를 알아야 한다.

로고 디자인 과정은 로고가 말해야 하는 것의 설명과 목표의 구성에서 시작한다. 이들은 새로운 로고에 그려질 디자인 속성을 형성한다. 그리고 보통 디자이너에게 넘겨지기 전에 브랜드 전략가에 의해 설계된다. 의미는 디자인이 시작되기 전에 뚜렷해야만 한다.

의미가 명확할 때 새롭게 형성된 브랜드 가치를 나타내기 위한 아이디어는 종종 시각적으로 무드 보드위에 전개된다. 이들은 브랜드에 가장 어울리는 것을 찾기 위해 내부적, 외부적으로 테스트된다.

브리티쉬 에어웨이는 로고와 비주얼 아이덴티티에 있어 유동성을 보인 하나의 사례이다. 브랜드의 국제적 범위와 여행 시장이라는 특성, 둘 다를 묘사하기 위함이다.

최근에 아이덴티티를 업데이트하고 새롭게 한 또 다른 예는 영국의 석유회사 **브리티쉬 페트롤리엄(BP)**이다. 1998년에 BP와 아모코는 BP 아모코를 형성하기 위해 합병했다. 아르코와 카스트롤의 추가적 인수로 인해 100개국에 걸쳐 100,000명 이상의 종업원들을 거느린 규모가 되었다.

새로운 조직은 그들의 어려운 승리의 리더십 포지션을 상징하는 아이덴티티를 필요로 한다. BP는 그들의 고객과 파트

1 | 2
표준화된 방법으로 로고를 사용함으로서 일관성 있는 이미지를 반영하는 것은 모든 소매 브랜드에 있어서 핵심 사항이다. 여기에 특별한 지시사항은 타이포그래피, 컬러레이션 그리고 포지셔닝 가이드에 있다. 팝 스타인 킬리에 미노그를찬양하기 위해 나타낸 병 조차 지침이 제공하는 동일한 디자인을 가지고 있다.

2

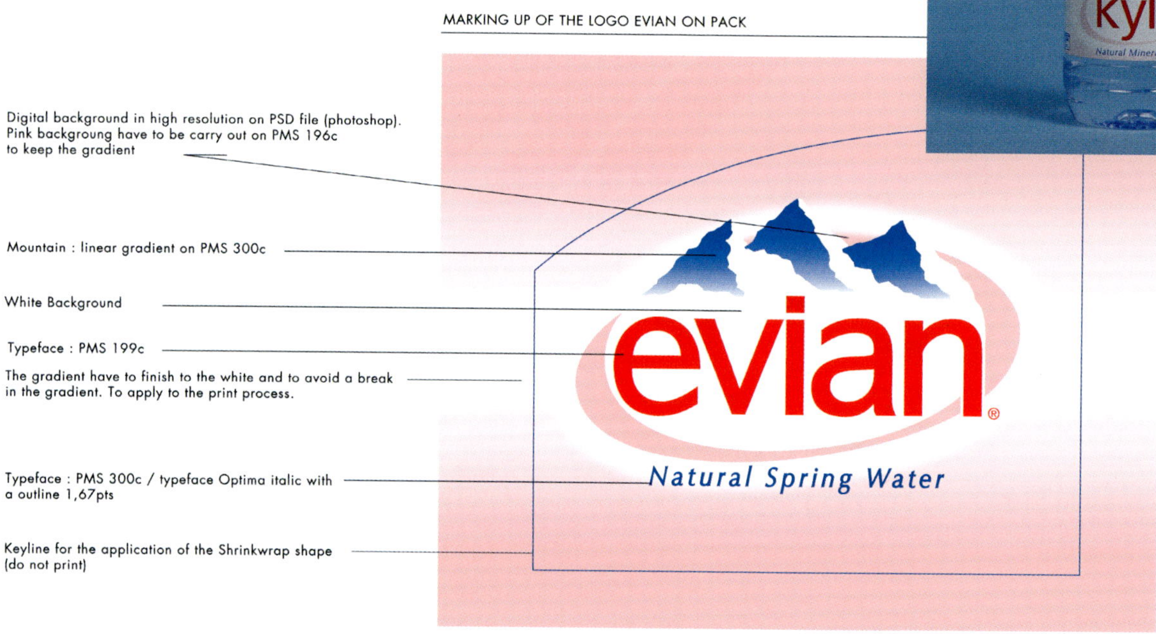

1

3

3
이제 많은 브랜드들은 그들의 로고와 심벌의 다른 버전을 가지고 있다. 네슬레는 그들의 각각 상이한 카테고리를 위해 필요에 따라 다양한 로고를 사용한다. 극히 신선한 음식 분야에서는 앞의 챔보시 로고(둥지 안의 새들)를 사용한다. 그리고 또 다른 것은 초콜릿 그리고 시리얼 등에 사용한다.

4
BP는 그들의 고객과 파트너에게 내보이고 소유하기를 원하는 BP의 속성을 부여하는 로고와 디자인 스킴을 원했다.

4

너에게 보이고 소유하고자 하는 속성을 구체화하는 로고와 디자인 스킴을 원했다. 이것들은 실행, 환경적 리더십, 혁신 그리고 진보된 생각 등이었다.

브랜드 컨설턴트인 랜더는 BP의 열망을 반영하기 위한 새로운 아이덴티티 개발을 요청받았다. 랜더는 브랜드 자산의 많은 것을 유지할 수 있는 BP 네임을 제안하였으며, 그것은 유지되어야만 했다. 그리고 기업은 단 하나의 글로벌 브랜드가 되어야 한다는 것을 제안했다.

벨리오스(태양을 의미) 마크는 새롭게 합병된 기업을 상징화하도록 개발된 마크이다. 밝고 굵은 아이덴티티는 포지션을 위해 고안되었다. BP를 환경적 리더로서, 그리고 석유 부문 영역 이상으로 움직이고자 하는 기업의 목표가 성취되는 것을 지원하고자 하였다.

패키지

많은 분야 가운데 음식, 음료, 제약 그리고 미용제품 등은 빠르게 변화하는 소비재이다. 패키지는 브랜드 차별화 요소의 핵심이다. 패키지는 과도한 진열대 상품 위에서 강력한 브랜드 진술을 만들뿐만 아니라, 판매 촉진의 기회를 만든다.

페리어, 앱솔루트, 잭 다니엘, 에비앙 그리고 다른 드링크 브랜드는 뚜렷한 진술을 하기 위해 병의 모양을 이용한다. 캔 음료 시장에 있어서는 다른 모양을 이용하기 위한 기회가 적은 편이다. 그래픽은 가장 중요한 요소이다.

티백 회사조차 모양과 제품디자인을 가지고 실험한다. 그것이 피라미드 백, 라운드, 개별적으로 포장된 작은 봉지, 또는 모든 마지막 방울까지 짜내는 졸라매는 끈이건 간에 각각은 강력한 진술을 하고 브랜드 로얄티와 정서적 반응을 겨냥한다.

혁신을 통해 고객에게 혜택을 주는 것을 뒷전으로 하고 있어도 많은 상품들이 팔린다 할지라도, 보통 실제 고객에게 주는 혜택은 브랜드 자체이다. 친숙성과 독창력은 게임의 이름이다. **마미트**의 항아리 병, **지프**의 플라스틱 레몬, **그롤쉬**의 큰 병(거기서 나온 스타퍼는 1980년대의 패션 악세서리가 되었다), 그리고 **토블론**의 유명한 피라미드 모양은 어떠한 기능적 이점을 약속하지 않고 어필하는 구조의 좋은 예이다.

기술적 진전, 특히 재질에 있어서의 제조 과정들은 그것을 비싸지 않지만(가격에 비해 품질이 좋은) 혁신적인 패키지 디자인을 실험하는 것을 더 용이하게 만들었다. 이들은 미생물에 의해 무해물질로 분해되는 물질로 만들어질 때, 환경적 혜택을 가지고 있다. 그리고 그들은 기대하지 않은 혜택 또한 가질 수 있다. 우유 상자에 비친 성공적인 보이지 않는 사람들과 같은.

기술적 진전은 여기서 끝나지 않는다. 디자이너들은 점차적으로 3D 컨셉의 가능성을 테스트하기 위한 컴퓨터 보조의 제조와 구성적인 기안을 위해 근본적으로 개발된 기술의 진보를 취하고 있다.

어느 한 분야, 혁신적인 패키지 디자인이 핵심적인 동기요인이 된 분야는 향수 산업이다. 예를 들면, 남성을 위한 **겐조** 향수, **제브라**는 캡에 제브라 헤어를 흉내내었다. **부쉐론** 자이퍼 병은 팔찌로 모델링되었다. 아마도 더 잘 알려진 것은 골띠에의 남성과 여성 향수일 것이다. 이들은 우아함으로 팔렸다. 만약 저속한 작품이라면 병들은 잘 조작된 남성과 여성의 몸 위에 모형을 만들었을 것이다. 이것은 매체의 완벽한 예이다. 메시지와 하나가 되고 동일한 것이 되고 있다. 그것은 **골띠에**의 젊은 타깃 소비자에게 소구하는 메시지이다. 독립적인 남자와 여자, 그들의 치장하는 태도와 감각에 감사하는 메시지이다.

1 | 2 | 3 | 4
앱솔루트, 골디에 향수, 마마이트와 토블론은 모두 강력한 브랜드 아이덴티티를 만드는 독특한 구조와 모양을 가진 예이다.

5
패키지를 통해 전달되는 브랜드의 가장 잘 알려진 예는 코카콜라 병이다. 그것은 미국에서 1916년에 런칭되었고 세상에서 가장 친숙한 팩 모양이다. 병의 모양이 브랜드 자산의 상당 부분을 차지하고 있다.

1

2

5

3

4

기능적 가치

많은 브랜드들은 고객들에게 그들이 매우 명확한 목적을 가지고 있기 때문에 소구할 수 있다. 그 목적은 브랜드가 독특할 뿐만 아니라, 포지션하기 쉽고, 유지하기 쉬울 뿐만 아니라, 디자인하기 쉽게 만든다. 소비자들이 이러한 제품을 사는 이유는 그것이 무엇을 할 것이라고 말하기 때문이다. 그것은 니즈 또는 예방 조치에 근거를 둔 구매이다.

안전은 기능적 브랜드에 의해 특성화된 한 부분이다. 많은 안전 브랜드들은 수 년 동안 품질과 신뢰에 있어 평판을 얻고 있다. 소비자들은 수 세기 동안 그 비즈니스의 일부였던 친숙한 이름을 선택함으로써 주의를 기울인다.

예일, 밴햄과 같은 브랜드는 고객들과 오랜 시간에 걸쳐 신뢰를 형성하고 있다. 예를 들면, 츕은 건축 장붓구멍 장치(모타이즈 락)로 시작했다. 그것은 전문적이고, 가정용 그리고 화재방지 안전 제품의 범위로까지 다양화하고 있다. 그 회사는 그것이 그들의 고려할만한 브랜드 자산으로 전이할 수 있는 보험과 같은 보완적인 시장을 규정하기까지 하고 있다.

만약 누군가 침입을 했다면, 자물쇠를 바꾸거나 자신을 책망할 것이다. 거의 자물쇠 메이커를 책망할 것이다. 만약 집 열쇠가 예일 또는 츕이었다면, 여전히 이들 튼튼한 브랜드와 함께 집이 안전하다고 여길 것이다. 그것들을 직접 사지 않았을지라도.

이들과 같은 브랜드는 거의 매끈한 디자인, 눈을 잡는 로고 또는 혁신적인 패키지 등으로 그들 제품에 대해 외치지 않는다. 그들은 그럴 필요가 없다. 자물쇠와 같은 안전 제품은 사람들이 매일 사는 그런 종류의 것은 아니지만, 그것들은 모두가 필요로 하는 것이다. 여기에 디자이너의 브리프는

1

2

1
최근의 춥 광고 캠페인은 근심으로부터 자유로운 철학을 강조하였다. 마음의 평화는 춥이 가능성 있는 미국 상업과 개인 보험 고객들에게 제공하는 것이다.

2
스타일링만을 추구하는 재앙으로부터 벗어나서 가장 안전한 자동차 중 하나가 된 것은 볼보가 만든 현실적인 이동이었다. 볼보는 이것을 그들의 새로운 모델의 디자인에서 뿐만 아니라, 그들의 광고와 브랜딩 캠페인에도 반영하였다.

간단히 유지되면서 기능적으로 믿을만한 제품이라는 기업의 평판 위에 가능한 만들어져야 한다.

자동차 시장은 또 다른 종류의 것이다. 대부분의 사람들은 자동차를 평판과 이미지에 근거해 구입한다. 이것은 산업의 큰 예산을 차지하는 브랜딩 실행에 있어 플러스 포인트로 보이는데, 사람들은 변화를 설득하기가 어렵게 만드는 브랜드에 충성을 유지한다(만약 그들이 더 높은 수입을 받게 되지 않는다면).

이들 시장에서 성공적인 브랜딩의 열쇠는 구매자의 자아 이미지에 어필하는 것이다. **메르세데스, 포드, 재규어,** 그리고 BMW와 같은 자동차 브랜드는 명백하게 설립된 퍼스낼리티를 가지고 있다. 그럼에도 불구하고 일관된 리브랜딩 실행으로 브랜드의 인지된 퍼스낼리티를 변화시키는 것은 가능하다. 이렇게 관리해온 브랜드 중 하나는 볼보이다. 볼보는 그들의 기능적 가치를 이미지 이슈로 전환시키는 데 성공적이었다.

볼보는 1956년에 미국 시장에서 그다지 흥분시키는 반응을 끌어내지는 못했다. 런칭하기로 선택한 모델은 좀더 전진하는 그리고 1950년대의 젊은이들을 사로잡는 것 보다는 1940년대의 엄숙한, 꾸미지 않은 간결함을 암시하는 스타일이었다.

기업은 곧 이것을 그들 자동차의 탄력(회복력)을 가지고 전략을 개발함으로서 극복했다. 컨셉은 이런 것이었다. 이것은 혹독한 스칸디나비아 날씨와 도로 상황에서조차 충분할 만큼 강하게 만들어졌다는 것이다.

이것으로부터 볼보가 운전하는데 가장 적합한 것이라는 친숙하지만 현실적인 주장을 불러일으켰다. 수십 년을 거치는 동안 1970년대의 미국 안전 기준이 선포되기도 전에 볼보 144와 럭셔리 모델164는 그 기준들과 합일점을 이루었다는 사실에 의해 더욱 이미지가 강화되었다.

1982년 볼보는 700시리즈의 처음 모델인 760을 소개했고, 이것은 1980년대의 여피 집단이 가장 선호하는 가족용 승용차가 되었다. 1985년에 볼보는 가장 잘 팔리는 유럽의 수입차가 되었다.

최근에 볼보는 안전과 신뢰의 핵심가치를 유지하면서 그들의 포지셔닝을 라이프스타일 브랜딩으로 더 가깝게 다가

1

1
영국을 근거지로 한 우드케어 회사 론실은 그것의 논리적 결론에 기능적 특성 광고를 집행했다. 그들의 TV 광고는 직설적인 메시지를 통해서 제품에 대한 신뢰를 만들었다.

2
소매 가구 이케아는 그들 가구의 가치를 닮은 깨끗한 브랜딩 디자인의 지원을 통해 기능적 브랜드로부터 '열정' 브랜드로 구매의 움직임을 관리하고 있다.

가기 위한 확신을 마침내 가짐으로써 한 발짝 더 나아가고 있다. 이러한 명백한 예는 그것의 안전한 섹스 캠페인 이었다(볼보에서 섹스를 하는 것은 안전하다).

또 다른 스칸디나비아의 성공 스토리는 이케아에서 계속된다. 단조로운(평평한) 팩 가구 소매업자는 순수하게 기능적 브랜드로 출발하였다. 그것은 단순함이 현대적이다는 것과 같은 의미의 가구 네임이 되었다.

스웨덴의 디자인 특성은 항상 명성을 얻어왔지만, 이케아가 가구 이름으로 만들어질 때까지는 대중적으로 받아들여지지 않았다. 유럽인의 라이프스타일인 이케아가 고객들에게 하는 대부분의 어필은 그들의 끝없는 최소한의 라인에 있다. 종종 고객들에게 직접 디자인을 제안하는 것 같은 비싸지 않은 제품들도 있다. 그들은 조립하고 이용하기 쉽도록 만든다.

이케아는 그 자신을 커튼가구 커버용 무명을 고정시키는 방식으로 그들을 브랜딩 함으로써 사람들 인식이 지적으로 움직일 수 있도록 만들었다. 특히, 1990년대 말에 이케아는 젊은 커플들, 싱글, 그리고 아마도 그들의 부모 취향으로부터 그들 자신을 연상시키길 원하지 않는 화려한 남자들에게 어필했다. 이것은 특히 그들이 나무, 유리, 스틸, 가죽으로만 채워진 극소주의자의 인테리어로 맵시있게 그들의 이미지를 만들고자 할 때 사실로 나타났다.

구매 결정이 품질과 독특함에 기초하는 산업들은 종종 브랜드의 기능적 특성에 초점을 맞춘다. 이것이 최고점을 이루는 하나의 카테고리는 하이테크 제조업이다. 이들 산업에서의 브랜드 네임은 좀더 참고 포인트로 작용한다. 제품의 평판과 브랜드 디자인은 그 비즈니스의 강점을 강조함으로써 성장할 수 있다.

예를 들면, 3M의 평판은 항상 혁신을 이끌어내는데 근거하고 있으며, 실질적이고 독특하고 정교한 제품을 만든다. 3M 브랜드는 오늘날 깨끗하고 분명하고 심플한 로고를 가지고 있다. 이것은 1977년 이전부터 개발되어 온 것이다. 엄브렐라 아이덴티티로서 3M을 사용하자는 아이디어를 내놓은 이는 글로벌 브랜딩 컨설턴트인 시겔게일이었다, 이전에 3M은 그들의 모든 광고와 제품에 다양한 로고와 이름을 사용했었다. 그들을 하나의 브랜드 또는 브랜드 가치의 단일 구성으로 연상시킴으로써 얻을 수 있는 혜택을 놓치고 있었다.

2

3M

3
3M 브랜드는 이제 깨끗하고 분명하고 심플한 로고를 가지고 있다. 그것을 그들이 적용하는 다른 모든 카테고리에 걸쳐 잘 활용하고 있다.

3

감성적 가치

마크 고베이(Marc Gobéi)의 책 〈감성 브랜딩(Emotional Brandiing)〉에 따르면, 브랜딩 전략에 있어 가장 큰 오해는 브랜딩이 시장점유율에 관한 것이라는 믿음이다. 실상 브랜딩은 항상 마인드 점유율과 정서적 점유율에 관한 것이다.

브랜드로서의 마돈나의 가치는 거대하다. 마돈나 CD가 나돌 때마다 거기에는 음악뿐만 아니라, CD의 모양과 느낌에서 연상되는 기대가치가 있다. 거기에 뒤따르는 비디오와 상품, 생활 패턴, 그리고 그녀 자신을 나타내기 위해 아티스트가 발견해 낸 새로운 방법에 이르기까지 이루 헤아릴 수 없다. 마돈나는 거대한 글로벌 산업이다.

그녀 이전에 데이빗 보위처럼, 마돈나는 재발명의 파워를 발견했고 그리고 영화화되는 패션, 헤어, 뷰티 제품, 심지어 스타일, 문화 또는 디자이너에게 잠깐 동안 연상되는 그녀로부터 나온 자동차까지 이르는 다양한 다른 산업들을 발견해냈다.

마돈나 브랜드의 심장에는 소비자의 주류를 거르는 강력한 독립적이며, 뛰어나고 최신을 즐기는 여성의 이미지가 있다. 마돈나가 일반적이지 않은 강력한 여성의 특성을 채택한 것은 그러한 여성들의 전통에 놓임으로써 얻는 연상이미지가 그녀에게 혜택을 주기 때문이다. 이것은 승리의 (마음을 끄는) 심장(애정, 중심), 마인드 그리고 지갑에 의한 시장 점유율에 초점을 맞추고 있는 한 브랜드이다.

이들과 같은 브랜드를 위한 올바른 모양과 느낌을 디자인하는 것은 기세를 꺾는 업무가 될 수 있다. 특히, 이것은 그들의 최신의 것에 대한 초점이 스타일, 연상이미지 그리고 타이포그래피의 거대하고 조속한 이직을 일으킬 때 사실로 드러난다. 브랜드는 단순히 마돈나이다. 그러나 다른 빅 M인 맥도날드와 달리, 마돈나 브랜드는 아이디어의 구성을 나타낸다. 마돈나가 파

1

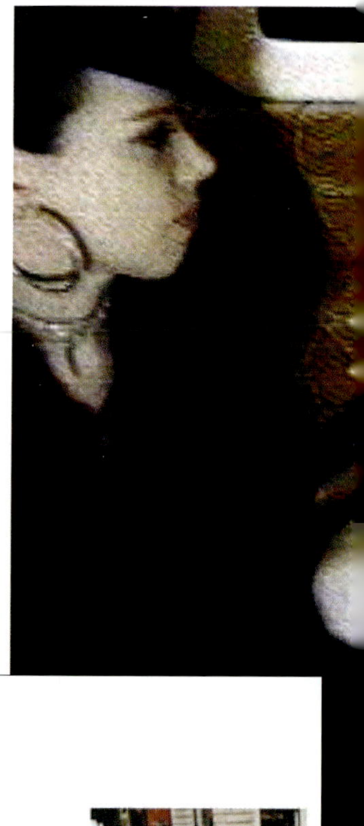

1
마돈나는 단지 싱어 송라이터와 배우 이상이다. 그녀는 명백히 그녀의 캐리어를 마돈나라는 그 이름 이상의 브랜드 가치가 있다는 것으로 강력하게 영향력을 발휘했다.

4
마돈나처럼 데이빗 보위는 그의 명성(자산)을 인터넷과 아트 그리고 심지어 그 자신 이름의 크레디트 카드로까지 옮길 수 있도록 개발하였다.

2

2
재규어 웹 사이트는 어려운 목표를 성취하였다. 매우 다른 매체로 그들 자동차의 퍼스낼리티를 반영하는 이 사이트는 품질과 장인정신을 말한다. 그리고 타이포그래피와 디자인의 주된 요소는 열망을 담고 있다.

3
새롭게 변신한 노동당은 그들 로고에 두 가지 버전을 가지고 있다. 장미와 붉은 네모는 명백한 사용 가이드라인을 가지고 있다.

3

Labour

new Labour
new Britain

4

워를 유지하는 동안 비주얼 스타일의 모든 방식을 통해 필터링 될 수 있다. 만약 브랜드가 소진하게 된다면, 심플하게 그것을 재창조해라.

이러한 유형의 브랜드 네임은 소비자들과 그들의 가까운 연결에 따라 살거나 죽는다. 그들은 근본적으로 신념과 원인에 대한 것이다. 이것은 그들의 구성요소들의 심장 가까이 머물러 있다는 것을 의미한다. 이러한 실체의 종류는 축구, 농구와 같은 스포츠 브랜드에 의해 양성되고 있다, 그러나 그들이 신념과 지지자 커뮤니티 형성에 기반하고 있기 때문에 변화와 관리가 더 어렵다.

만약 새로운 로고 또는 인지된 퍼스낼리티가 재창조 선에서 형성되지 않는다면, 잠재적으로 진심에서 우러난 브랜드를 위협하고 있다. 사람들이 그들 자신을 개인적으로 그리고 이들 브랜드를 깊게 연상하고 있기 때문에 그들은 그들이 누구인가의 일부분이 된다. 그 브랜드를 간섭하는 어떠한 변화도 그것을 약하게 할 수 있고 그들의 구성요소들 사이에 파문을 일으킬 수 있다.

이것은 자선, 압력단체 그리고 정치적 정당에게 다른 방식으로 적용된다. 이 분야에 있어서 디자인의 변화는 종종 좀 더 정책의 근본적인 변화를 알리기 위해 이용된다.

영국의 **노동당**은 보수주의자들을 반대하는 기간동안인 1980년대와 1990년대 초반에 연장법을 통과시켰다(경험했다). 민주당의 본을 따라, 노동당은 새로운 커뮤니케이션 채널의 이용을 통해 강조와 정책의 변화를 알렸다. 새로운 로고는 정당의 전통적인 노동자의 붉은 장미와 붉은 깃발을 연상시키는 것을 전달하였다. 그들이 희망하는 것은 중심 바탕에 장미를 심었을 때 더 달콤한 향이 나는 것이다.

브랜드에 있어 그들의 핵심 명제는 전문적인 지식과 기술이다. 이것은 그들을 포지셔닝 하기에 최상의 방법이다. **알란 미첼**에 의하면, 그것은 지적 자산 브랜드와 같은 것이다.

이러한 브랜딩이 가장 적합한 산업은 전문적인 서비스, 법률회사, 정보기술 회사, 그리고 혁신성을 이끄는 패키지 상품 전문 분야이다.

이들 경우에 있어서 브랜드의 대부분은 조직의 설립자 이름에서 시작되거나 순수하게 정석이기보다는 이성적인 컨셉에 근거한다. 이러한 예는 **언스트 앤 영**(지금은 캡 제미니 언스트 앤 영), **프라이스워터하우스쿠퍼, 제이 월터 톰슨, 마이클 페이스, 휴렛 패커드, 시에벨,** 그리고 **매켄 에릭슨** 등을 포함한다.

주목할 만한 예외는 이전에 앤더슨 컨설팅이었던 **악센추어** 매니지먼트 컨설턴트이다. 리브랜딩(미래를 강조하는)은 그 이후 형제가 된 거대 아더 앤더슨 컨설턴트와 복잡하고 고약한 법정 싸움을 일으켰다.

악센추어는 엔론 스캔들로 인해 뒤따랐던 (아더)**앤더슨**에 대한 불명예와 붕괴의 순간에 자랑스러운 것과 동등할만한 이름이었던 모든 연상들을 잘라내는 결정을 하였고 그 결정은 선견지명이 되었다.

이름과 로고, 한때 비웃음은 공공의 의식을 스치고 지나갔었다. 그 디자인은 **앤더슨**의 에이를 여전히 자랑스럽게 유지했다. 그러나 그것의 미래에 대한 강조(문자상으로 로고에서 서술한)는 확실히 그들의 불행한 연상으로부터 비즈니스를 보호하였다.

그래서 수 십 억원이 소송, 전략, 리포지셔닝 그리고 배당을 지불할 수 있는 리브랜딩에 사용되었다. 비즈니스의 하나의 사례는 당연히 벌은 받았다? 만약 그것이 아무 의미가 아니라 해도, 그것 또한 좋은 브랜딩의 실행이다!

챨스 슈왑 투자 은행은 브랜드의 핵심 속성을 규정하기 위해 세계적 컨설턴트인 랜더와 계약했다. 그 회사는 새로운 문구 마크(기업 이름의 타이포그래피컬 스타일)를 개발하기 위해 컨설턴트를 이용했다. 거기에 새로운 비주얼 구성과 브랜드 목소리를 추가했다. 슈왑의 새로운 아이덴티티는 강력하고 우아하고 세련된 것으로 정의되었다.

새로운 문구마크는 비즈니스의 개인적이며 전문적인 면을 모두 가져왔다. 디자인 관점에서 그것은 정제(정교)되고 필기체의 우아한 챨스와 굵고대담한 모든 대문자 그리고 기능적인 슈왑이 좋은 짝을 이루었다. 새로운 비주얼 단어, 사진과 같은 스타일 그리고 브랜드 목소리는 미디어와 사람들에 이르는 넓은 범위에 걸쳐 인지를 얻는데 도움을 주었다.

이들 분리되고 구별된 타이포그래픽 요소들을 함께 사용함으로써 슈왑은 개인적인 투자 조언을 제공한다는 메시지를 전달한다. 이것은 현존하는 고객들과 넘쳐나는 투자자들인 새로운 고객들을 끌고자 하는 데 확신을 재확인한다.

HSBC

1

PRICEWATERHOUSECOOPERS

2

1 | 2
HSBC와 PWC는 오리지널 이름을 글로벌하게 변화시키지 않고 그들의 카테고리에서 강력한 브랜드를 만들기 위해 둘 다 관리하고 있다.

3

4

3 | 4
캡 제미니 언스트 앤 영과 같은 브랜드들은 그들의 핵심 강점을 생각에서 마무리까지로 전달하는 그들의 능력과 사람들에 있다. 타이포그래피는 중요하고 전문적이며, 컬러는 예민하지만, 지루하지 않다. 그들은 보편적으로 프리젠테이션, 리포트 그리고 회사 정보에 걸쳐 적용하고 있다.

5

5
멕켄 에릭슨 로고가 기업의 이름과 아무런 관계가 없다고 할지라도 그것의 메시지는 기업의 정신을 전달한다.

국가 브랜드

디자인을 적용해야 하는 가장 어려운 영역 중의 하나는 항상 여행 시장에 있어서 국가 브랜딩이다. 국가 브랜딩은 정서적이며, 복잡하고 종종 논쟁적인 실행(국가적 아이덴티티의 진부한 아이디어를 이용하는 것을 비난 할 수 있는 것)이기 때문만이 아니라, 많은 정보와 흔들리지 않는 실체 때문이다.

국가 그 자체 내에서, 브랜딩 실행은 종종 단기적이지만, 장기적으로는 정략적이다. 그리고 곧 실제 이슈로 돌아가길 원하는 사람들에게 힘을 다 써버린다. 이것은 확실히 신 노동당의 쿨 브리태니아 실행과 같은 사례이다(영국을 전통, 따뜻한 맥주, 그리고 크리켓의 땅이라는 보수적인 이미지로부터 벗어난 리포지셔닝에 대한 시도). 그러나 외부적으로 이러한 실행은 공공의 의식을 통해 걸려진다.

1991년에 A.D. 스미스(Smith)는 국가 아이덴티티에 관한 그의 랜드 마크 연구에서 국가 아이덴티티의 기복적 특성을 다음과 같이 강조하였다.

· 역사적 영역 또는 홈 랜드
· 일반적인 신화와 역사적 기억
· 일반적인 대중 공공 문화
· 모든 구성원을 위한 일반적인 법적 권리와 의무
· 구성원들을 위한 영역적 이동성에 따른 일반적 경제

명백히, 국가 아이덴티티는 다르다. 그 도전적인 방식에 있어서 그 자신을 명백히 해야 한다. 어떤 사람이 내린 특정 국가의 아이덴티티는 다른 사람에게 있어 스테레오타입이다. 이것은 디자이너에게 독특하면서도 어려운 문제이다. 디자이너는 관광 위원회와 관공서를 위한 단 하나의 국가적 아이덴티티를 만들고자 하며, 또는 가치, 연상 이미지 그리고 매력적 요소들의 복합체를 상징화하는 디자인을 만들고자 한다.

미국을 방문하고자 하는 독일 관광객을 흥분시키는 것은 무엇일까? 예를 들면, 그것은 일본인들에게 동기 부여를 하는 것과는 매우 다를 것이다. 아일랜드 또는 이탈리아인도 마찬가지이다.

모든 국가들은 지나치게 친숙한 심벌을 가지고 있으며, 디

1

2

1 | 2 | 3 | 4 | 5
영국은 성공적으로 강력한 이미지를 만들어 냈다. 문화, 자연, 재미, 흥미, 그리고 낭만을 관광객들에게 제공함으로써. 비지트 브리튼 사이트 또한 이들 이미지를 스코틀랜드와 웨일즈를 위한 다른 사이트에 링크시켜 관리하고 있다.

3

4

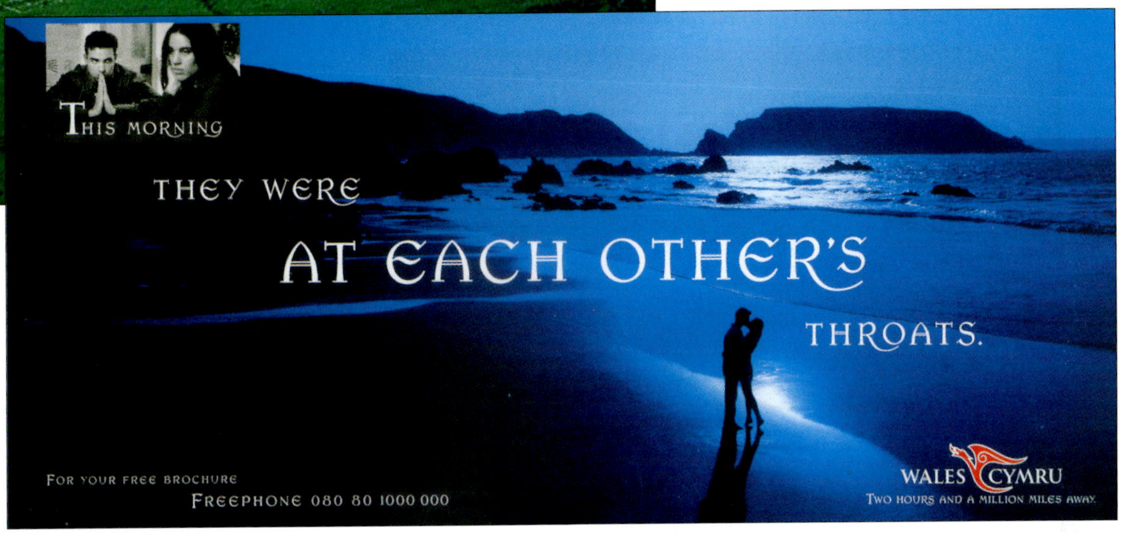

5

자이너들은 종종 그들이 안전하기 때문에 그것에 의지한다. 영국을 말해보자. 그리고 많은 관광객들은 야외극과 같은 구경거리, 빅 벤(영국 국회의사당 탑과 시계), 그리고 런던탑을 생각할 것이다. 이탈리아를 말해보자. 그것은 콜롯세움, 성 피터스, 그리고 훌륭한 예술품들일 것이다. 네델란드를 말해보자. 그것은 튜울립, 램브란트, 그리고 운하를 생각할 것이다. 프랑스는 음식, 에펠탑, 그리고 리비에라 해안일 것이다.

미국의 50개 주 각각은 유사성을 가지고 있다. 무엇보다 중요한 약속(머리 위에서 아치형을 이루는), 선샤인(플로리다), 마지막 프론티어(알래스카), 워터 원더랜드(미시간) 그리고 내추럴 스테이트, 빅 스테이트 또는 고독한 별(텍사스).

이 모든 것은 오랜 세월동안 거의 변하지 않은 명백한 심벌이다. 관광객들의 다른 집단을 위해, 영국은 나이트클럽, 노팅힐 카니발, 그리고 글라스톤버리 페스티발을 생각하게 할 것이다. 네델란드는 이국적인 암스테르담 밤 생활의 기쁨을 떠올리게 할 것이다. 이탈리아는 밀라노의 패션쇼의 좁은 무대, 카페 문화 그리고 피아지오 스쿠터를 떠올리게 할 것이다. 그리고 프랑스는 하이테크 공원, 현대적인 구조물 그리고 고속 철도를 생각나게 할 것이다.

어떤 것을 선택할 것인가? 어떠한 것이 글로벌, 다문화적인 관광 산업에 있어 올바른 것인가? 디자이너들은 매일 이런 것들을 선택해야만 한다. 안전한 선택은 항상 가장 위대한 그 당시의 매력적인 요소는 아니다. 그러나 그 당시의 선택으로 인해 관광객들 대부분이 그 국가를 멀리할 수 있다.

몇몇 국가들은 그 당시의 평판을 가진 제품에 거의 독점적으로 기반을 둔 브랜드를 개발하고자 관리한다. 예를 들면, 스웨덴(우리가 논의했듯이)은 강력한 디자인에 근거한 영역을 만들고 있다. 플레이샘 토이, 오리지날 사브 자동차, 앱솔루트 보드카, 볼보와 이케아는 모두 스칸디나비아의 우수성의 중심으로서 그 국가를 포지션 하는데 도움을 주고 있다.

관계 브랜드

브랜드와 고객의 관계가 적당히 유지된다면, 중요한 강점이 될 수 있다. 브랜드와 그들 고객 사이의 신뢰의 끈은 더 큰 브랜드 자산을 만들 수 있으며, 기업을 경쟁자들로부터 차별화시킬 수 있다.

강력한 브랜드 자산은 기업에게 고객을 유지하고, 그들의 니즈를 좀더 효율적으로 서비스하고 그리고 이익을 증가시킨다. 고객의 구매가 자동으로 결정되는 브랜드와의 독특하고 가까운 관계를 어떻게 만들 수 있을까?

가장 중요한 방법은 고객의 개인적 요구사항에 대한 예외적인 이해를 설명함으로써 이루어진다. 그리고 이것을 브랜드 디자인에 있어서 보고 느끼는데 반영하는 것이다.

많은 닷컴 기업들은 개인화라는 단어에 새로운 의미를 부여하고 있다. 많은 기업들이 쿠키 기술을 이용한다. 이것은 웹 사이트에 개인 고객이 방문했을 때, 그들을 인정하는 것이다. 웹 사이트는 그들의 개인 프로필과 구매 기록을 로드할 수 있다.

아마존과 같은 닷컴은 고객이 기분 좋은 경험으로 산책할 수 있는 것과 같은 방법에 있어서 고객의 구매 패턴과 습관을 이해하는 데 초점을 맞추고 있다.

그러나 개인화는 고객이 자신의 컴퓨터에서 그 사이트를 방문했을 때 또는 패스워드로 다른 것에서 로그온 했을 때 자신의 이름으로 인사하는 것보다 더 많은 것에 관여한다. 그것은 브랜드가 고객의 현재 그리고 미래의 요구사항을 이해하는 것을 설명하도록 요구한다.

이러한 서비스 유형은 점차적으로 이용자의 위치를 인지하는 모바일 서비스의 새로운 세대 출현과 함께 우세하게 될 것이다. 가까운 미래에 디자이너들은 그들이 무엇을 하고 어디에 있는지에 의존하는, 움직이는 고객과 상호작용하는 진짜 개인 브랜드를 만들 수 있을 것이다.

금융 서비스 분야는 특히 개인화된 서비스에 예리하다. 왜냐하면 그들은 고객들이 개인적으로 대접받는다고 느끼게 만드는 독특한 경험을 만들기 때문이다. MBNA는 친근 마케팅으로 알려진 것과 연결함으로서 다음 레벨로 개인화를 실행하고 있다.

MBNA는 크레디트 카드를 고객이 가장 좋아하는 자선사업, 스포츠클럽 또는 대학 등 다양한 조직으로 연결한다. 이러한 방법에서 MBNA는 고객들에게 개인화된 카드를 준다. 그것은 고객, 그들이 선택한 조직 그리고 물론 MBNA사이에 교차된 혜택을 만든다.

이러한 분야에 있어서 또 다른 새로운 진입자는 아큐카드이다. 이것은 카드를 고객이 선택한 컬러 스킴으로 개인화한다. 그리고 또한 그들에 상응하는 모든 것에 있어서 선택된 퍼스낼리티를 반영한다.

2

3

Accucard
Created for you

1

4

5

1 | 2 | 3 | 4 | 5
아큐카드는 그들 카드 홀더를 완벽한 개인화로 제공한다. 컬러와 디자인에서 유동적인 금융 특성과 혜택에 이르기까지. 이 아이디어는 각각의 고객이 그 또는 그녀 자신이 사용하는 카드를 맞출 수 있다는 것이다. 그렇게 함으로써 카드를 바꿀 이유가 없는 것이다.

브랜딩의 실질적 실행

브랜드 채널

브랜드와 그것의 미션, 비전 그리고 가치들이 독특한 브랜드 아이덴티티와 그 당시에 적합한 포지셔닝과 함께 제자리에 있을 때, 브랜드는 바로 실행될 준비가 된 것이다.

이러한 실행은 그것이 의도하는 소비자에게 도달하기 위한 가장 적합한 모든 채널을 거쳐 관리될 필요가 있다. 우리가 탐구한 대로, 각각의 채널은 독특한 운반 메커니즘을 가지고 있다. 브랜드 아이덴티티는 가장 연관성 있고 효과적인 방법으로 이들 접촉점 각각을 위해 변형될 필요가 있다. 이것은 디자이너에게는 도전이다.

넓게 말하면, 이제 매체에는 푸쉬와 풀이라는 두 가지 중요한 유형이 있다. 방송 미디어, 라디오와 논 인터액티브 텔레비전은 전통적으로 푸쉬로 고려된다. 그들은 사람들이 그것을 소비 또는 하지 않는 것을 선택할 수 있는 프로그램화된 콘텐츠를 내보낸다. 어떤 식으로든 그들은 푸쉬 미디어와 상호작용할 수 없다. 정기간행물과 신문과 같은 인쇄미디어가 라디오와 TV와 많이 다를지라도, 그들 또한 원칙상 푸쉬 모델에 적합하다고 고려된다.

그러나 인쇄는 그것이 스페이스에 의해 묶인 매체라는 점에서 다르다, 전통적인 방송미디어가 시간에 의해 묶인 일시적인 것인 반면, 그리고 소리와 움직이는 비주얼에 의해 특성화 되어 있다는 점에서 다르다.

www와 같은 인터액티브 미디어는 풀 모델에 따른다. 소비자는 적극적으로 특정한 정보를 찾고 가장 권위 있고, 접근할 수 있고 비주얼적으로 매력적인 방법으로 제공하는 어떠한 소스로부터 끌어당긴다. 방송이 정의상 넓은 그리고 비개인적인 반면, 개인화는 이것의 논리적 확장이다.

이들 모두는 브랜드 디자이너를 괴로운 시련 과정에 놓이게 한다. 이들 이슈들은 스페이스가 부족한 플랫폼의 경우에 있어서 좀더 비판적이 된다. 셀폰과 같은 그것은 미디어의 화려한, 풍부한 사운드 환경 그리고 생생하고 컬러풀하고 움직이는 그래픽이 약속되지만, 주파수 대역수의 공상과 같은 것이 현재에 남아있다.

푸시와 풀 미디어를 합치고자 하는 시도가 있는 곳—비이

2

1

3

1 | 2 | 3
요즘 대부분의 웹 사이트들은 사용자의 컴퓨터에 의해 부과된 한계 때문에 표준적인 타이포그래피를 이용한다. 이것은 pc 또는 mac 그리고 브라우저 사이의 차이 때문이다(예를 들면 익스플로러, 네스케이프 그리고 오페라와 같은). 여기 세 개의 사이트들은 최소한의 브랜딩 요소들을 가지고 있다. 한때 로고가 제거되기도 했다.

4

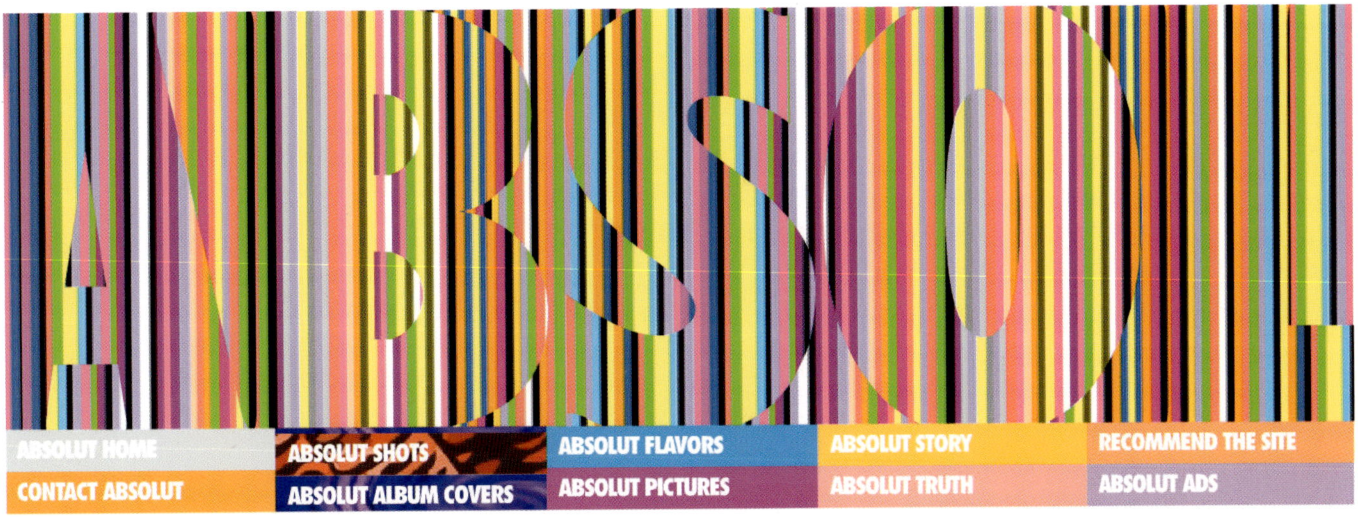

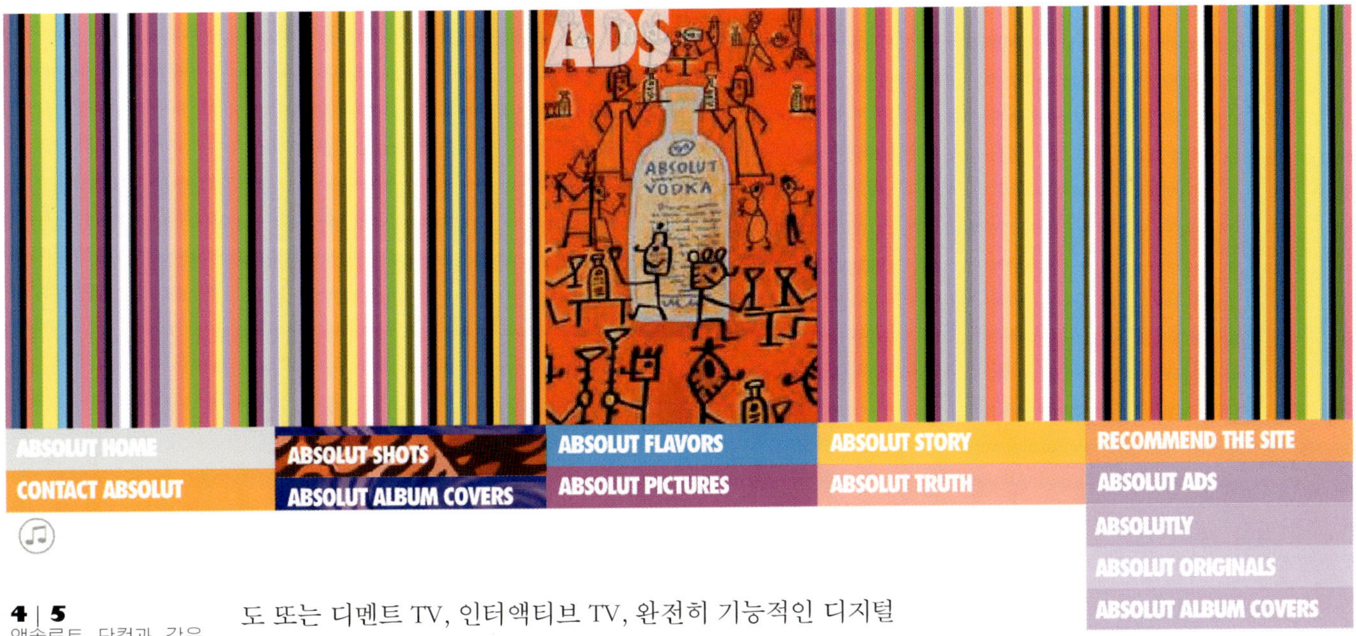

5

4 | 5
앱솔루트 닷컴과 같은 사이트들을 포함하여 몇몇 사이트들은 단지 브랜드뿐만 아니라, 그 브랜드의 퍼스낼리티를 전달한다.

도 또는 디멘트 TV, 인터액티브 TV, 완전히 기능적인 디지털 TV, 그리고 PC 상의 TV와 같은—이러한 영역에 대한 수요의 수준은 서비스를 제공하는 비즈니스를 유지하는 데 있어 이제까지 성공적이지 못하였다.

그 상황은 기술적 그리고 인간 세대 둘 다를 변화시키고 있다. 그러나 현재의 이러한 기술들은 우위의 가격에서 열등한 경험을 제공하는 경향이 있다.

비주얼 아이덴티티

브랜딩 세상에서, 가장 일반적으로 이용하는 문구 중의 하나는 비주얼 아이덴티티이다. 이것은 브랜드의 로고와 패키지를 포함한다. 패키징은 브랜드를 지탱하는 표현이다. 그것은 중심적이며 전략적인 역할을 수행한다. 패키지를 통해서 표현하는 퍼스낼리티는 또한 디자인 스테이지에서 브랜드 보호를 형성하는 가장 강력한 방법이다.

그러나 비주얼 아이덴티티는 단지 선반위의 제품이 소비자의 관심과 경쟁하기 때문에 중요한 것은 아니다. 그들은 또한 서비스 브랜드에 있어서도 중요하다. 은행 또는 슈퍼마켓의 외양, 느낌 그리고 레이아웃은 단지 세제 박스만큼이나 브랜드 패키지의 방법에 있어 중요하다.

이러한 원칙은 서비스 산업의 다른 유형으로 넓힐 수 있다. 새로운 미국 항공사 **젯블루**는 그 당시 브랜딩에 있어서 실험실의 실험으로 불리고 있었다. **젯블루**는 단지 여행에 초점을 맞춘 항공사가 아니었다. 그것은 최상(top of class)의 경험을 만드는 것이라고 그 기업은 말한다.

젯블루의 목표는 경제적인 요금을 제공하는 것이다. 24개의 TV 채널과 가죽의자를 갖춘 스타일리쉬한 인테리어가 내재되어 있다. 비행기 승무원의 매력적인 블루 유니폼과 터미널 게이트의 독특한 디자인, 이들 모두는 배타적으로 의도된 그 브랜드의 뱃지이다.

디자인의 외양과 느낌의 영향력에 대한 또 다른 예는 기업의 천년을 상징하는 에비앙 물방울 모양의 병이다. 그 병은 디자인의 지적인 부분에 해당한다. 눈을 사로잡고, 현대적이며 아이콘스럽고 내부에 있는 것에 대한 감각적인 경험이다.

그러나 아마도 비주얼 아이덴티티를 이용한 가장 성공적인 최근의 예는 혁신의 강력한 이미지를 창조하는 수단으로 활용한 영국의 진공 청소기와 거대 세탁기, **다이슨**이다. 경쟁이 치열한 시장에 들어가서 세계의 리더들의 꼭대기에 오르는 것은 쉬운 과제가 아니다. **다이슨** 성공의 핵심은 그 기업의 아이코닉하고 모듈의(기준의) 디자인에 초점을 맞춘 것이며 비주얼 아이덴티티가 약속하는 것에 맞는 제품을 만든 것이다.

1

2

3

4

79

1 | 2
젯블루는 여행 산업에 있어서 디자인의 새로운 기준을 만들기 시작했다. 이것은 고객들이 브랜드와 접촉하게 되는 모든 포인트로, 기업의 비주얼 아이덴티티의 모든 면을 거쳐 확장되었다.

3
에비앙 브랜드와 병은 새로운 수준으로 제품을 상품화하고 있다.

4
최근의 많은 성공적인 제품들(예를 들면 다이슨 진공청소기와 같은)은 친숙한 컨셉의 급진적인 새로운 디자인을 선보였다. 독특한 디자인은 점차적으로 경쟁자들이 빠르게 뒤따르는 경쟁 게임에서 브랜드 차별화의 열쇠로 보인다.

광고의 카피

어느 브랜드에 있어 가장 강력한 두개의 크리에이티브 도구는 아트(모든 비주얼 요소)와 카피(문구)이다. 신문이나 정기간행물들과 같은 대부분의 전통적인 미디어의 파워는 비주얼에 있다. 이것들은 정말로 처음에 임팩트를 만드는 것이다. 강력한 비주얼 이미지를 전달하고 몇 마디 말을 이용하는 광고는 메시지를 통해 얻기 위한 무거운 단어들에 의존하는 그 어떤 것보다 훨씬 더 엄청난 관심을 끈다.

그러나 카피가 브랜드에 있어 중요할 때가 있다. 먼저 메시지가 복잡할 때이다. 둘째, 브랜드가 하이테크 세계 또는 정보가 구매에 영감을 줄 수 있는 시장에 있을 때이다. 셋째, 메시지가 추상적일 때이다. 그리고 마지막으로, 슬로건이 소비자 마음에 핵심 메시지로 열쇠를 채우는 데 있어서 도움이 될 때이다.

그러나 카피가 성공적으로 작용하기 위해서는 올바르게 디자인되어야 한다. 빈약한 정보 디자인은 가장 심사숙고한 브랜딩 캠페인에서 조차 방해할 수 있다. 이는 소비자들이 싫어할 수 있다. 사람들은 광고를 빨리 읽는 경향이 있다. 항해하기 어려운 정보는 읽기 위한 결정을 순간에 놓치게 되거나 그냥 지나치게 될 것이다.

마음에 남는 광고 카피에 있어 몇 가지 핵심 요소는 다음과 같다.

· 구체적인 요점에 대해 말하라
· 초점을 단순한 메시지로 전달하라
· 독창적으로 말하라
· 친근하고 접근할 수 있는 문구로 나타내라. 만약 매력적인 수수께끼를 만드는 것이 브랜드 포지셔닝의 중심이지 않는다면.
· 개인적으로 타깃 고객에게 말을 해라.

1

2

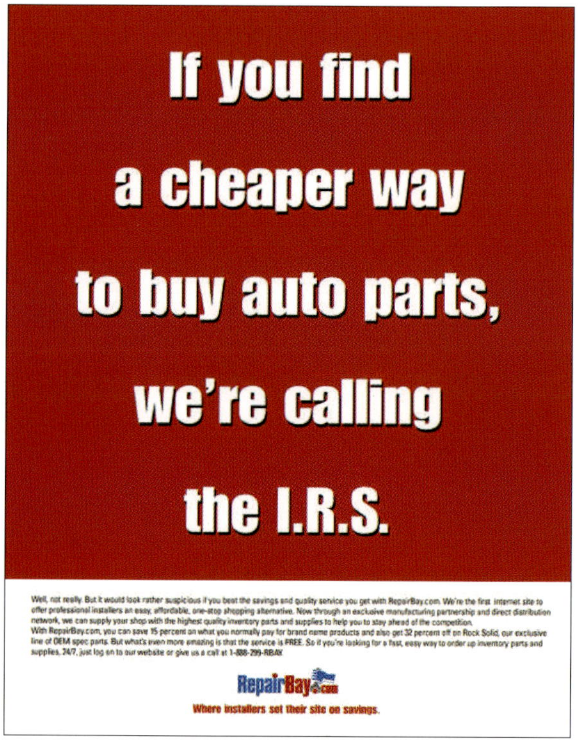

3

1 | 2 | 3
카피는 단지 독창적이며, 마음을 끌어서만은 안 된다. 그러나 사람들의 마음에 오래 남아있는 메시지를 만들기 위해 올바르게 디자인될 필요가 있다.

4

5

6

7

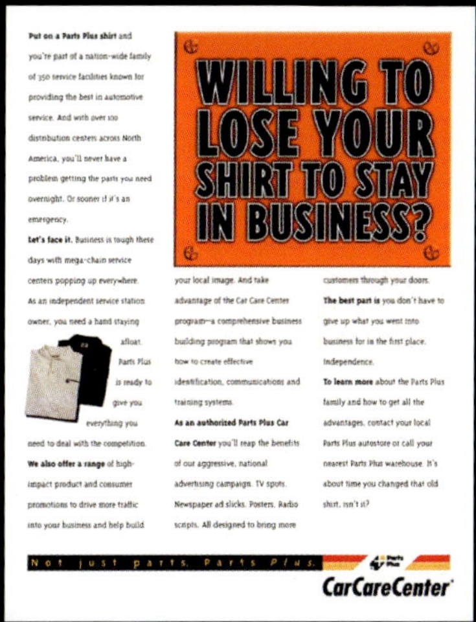

8

4 | 5 | 6
표현이 핵심을 찌른, 재미있는 카피 그리고 강력한 비주얼의 결합은 타깃 소비자에게 강력한 영향을 줄 수 있다.

9

7 | 8 | 9
강력한 카피와 헤드라인은 음식, 자동차, 또는 장난감과 같은 대부분의 카테고리와 제품에서 힘을 발휘한다.

방송 미디어

소비자와 커뮤니케이션하고 브랜드 인지도를 만들기 위해 가장 일반적으로 사용되는 미디어 중의 하나는 방송, 분명히 TV와 라디오이다. 특히 TV는 다른 미디어 이상으로 많은 장점을 가지고 있다(시네마 광고를 제외하고는). 높은 예산, 크리에이티브의 잠재성, 넓은 영향력 그리고 노출, 사로잡는 것, 흥미 그리고 유동성 등을 포함하여.

TV의 가장 위대한 장점은 의심할 바 없이 방송 가능 소비자를 위한 브랜딩 메시지를 디자인하는데 있어서의 기대이다. TV 커머셜은 점차적으로 분위기, 느낌, 경험 또는 특별하고 독특한 것 같은 제품을 매일 만드는 이미지를 사용한다.

대부분의 사람들은 TV를 소유하고 있다. 그래서 그 매체는 대중들에게 소구할 필요가 있는 제품에 있어서는 이상적이다. 그러나 성공하기 위해 이러한 빅 타깃을 갖는다는 것은 전체 소비자의 작은 분야를 겨냥하는 광고를 디자인하는 것을 더 어렵게 만든다. 그러나 확장시켜보면, 이러한 장애는 효과적인 미디어 계획으로 극복할 수 있다.

이것은 그날의 어떤 특정한 시간대(일요일 아침과 같은)의 시청자 프로필 또는 특정 프로그램의 소비자 프로필을 검토함으로써 성취할 수 있다. 젊은이들을 위한 드라마, 예를 들면 성공을 향해 달리는 변호사 드라마 같은 것이다.

광고주들은 또한 그들의 미디어 전략을 특정 시장 지역에서 로컬(스팟)광고를 통해 상이한 지리적 시장의 이점에 적합하게 할 수도 있다. 광고는 반복적으로 운영되기 위해 스케줄링 될 수 있다. 또는 특정 상황의 이점으로 조정될 수 있다.

라디오의 이점은 주로 낮은 가격에 있다. 그리고 청취자들은 광고가 언제 나오는지 무시하지 않는 경향이 있다. 라디오 스테이션은 청취자에게 좀더 충성한다. 그리고 광고주들은 그들의 타깃 소비자를 가장 가깝게 반영하는 청취자를 가진 스테이션을 선택할 수 있다.

그러나 라디오는 브랜드 디자이너가 전달할 수 있는 것에 있어서는 한정적이다. 그래서 그들은 오디오만의 매체를 사용함으로써 브랜드 아이덴티티를 반영하는 방법을 찾아야만 한다. 디지털 라디오는 제한적인 비주얼 요소를 약속한다. 그러나 그것의 잠재 소비자는 아직 증명하는 것과 거리가 멀다.

2

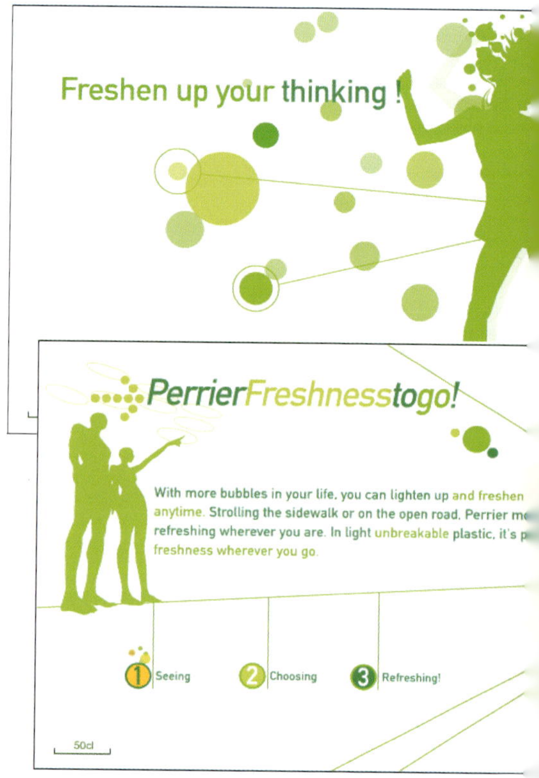

1

4

3

1 | 2 | 3
페리어는 모든 미디어를 통해 매우 성공적으로 신선함이라는 그들의 가치를 전달하고 있다.

4 | 5 |
실행이 매우 다르다 할지라도, 나이키와 미니는 그들 브랜드의 열망적인 면을 전달하기 위해 방송 매체를 이용하고 있다.

5

인쇄 미디어

신문과 그리고 특히 정기간행물은 그들 소비자에게 브랜드의 소구를 개발하기 위해 가장 넓게 이용된 2개의 매체이다.

신문 광고는 너무 주제넘게 참견하지 않는 것으로 고려되는 소수 형태 중의 하나이다. 그러나 신문 광고를 만들 때, 디자이너는 대부분의 신문이 비싸지 않게 매우 빠른 속도로 인쇄된다는 점에 유념해야 한다. 신문 인쇄라 불리는 거친 표면의 종이는 경계면에서 잉크를 빨리 흡수한다.

신문 인쇄에서 나타나는 잉크의 각각의 작은 점이 퍼지는 얼룩점은 정교한 디테일이 종종 재생산되기 어렵다는 것을 의미한다. 타이포그래피가 인쇄될 때 더 어둡게 나타날 것이기 때문에 많은 양의 텍스트를 위해 밝은 타이포그래피가 추천된다. 그러나 정교한 디테일은 잃게 될 것이다.

신문 인쇄는 컬러 사진을 재생산하기 위한 가장 쉬운 매체는 아니다. 대부분의 종이들은 몇몇 컬러 광고를 제공한다. 그러나 신문 인쇄 과정의 한계는 4가지 컬러 배합이 인쇄면에서 벗어날 것이라는 것을 의미한다(완벽하게 일직선을 맞추지 않는다). 탁하거나 혼잡한 이미지로 이끌 것이다. 정기간행물과 달리, 신문은 인쇄의 질을 조절하는 엄격한 레벨을 유지할 수가 없다.

신문은 보통 4개의 집합물들인 페이지 섹션으로 인쇄된다(정기간행물에 있어서 그것은 보통 8개의 집합체이다). 대부분의 신문은 그래서 풀 컬러로 8 또는 16 페이지 섹션을 운영할 것이다 이것은 컬러 광고의 배치 선택을 제한한다.

정기간행물들은 매우 다른 요구사항들과 시장들 속에서 성장해왔다. 교육적인 것에서 정보적으로, 비즈니스에서 소비자로 그리고 오락에서 패션, 건강 그리고 라이프스타일로 변화하면서 성장해왔다. 이것은 그들을 전문화되고 매우 세련된 브랜딩 매체로 만들었다.

주요 이점들 중 하나는 잡지의 선택성과 특정 소비자를 타깃팅 하는 능력이다. 예를 들면, 보그 또는 엘르, 이들은 우먼스 오운 또는 우먼스 월드의 독자들과는 이론상 매우 다르다. 맥심 또는 로

1

2

1 | 2
차별화된 레이아웃은 각기 다른 역할을 수행한다. 그리고 광고 또는 캠페인의 성공에 중요한 영향을 미친다.

3
리바이스는 그들 타깃 소비자를 향한 메시지를 강화하기 위해 인쇄 그리고 광고의 다른 포맷들의 실행과 함께 TV 캠페인을 연결시켰다.

3

디의 독자들과도 다르다. 지큐 또는 애티튜드의 독자들과도 다르다. 물론 실행하는 데 있어 이것이 항상 그 사례가 되는 것은 아니지만, 이론상 그렇다는 것이다.

이것은 대부분의 소비자 정기간행물들이 허구의 독자들을 겨냥하고 있기 때문이다. 새로운 정기간행물을 런칭하기 전에, 편집자와 디자이너들은 이 사람은 누구인가에 대해 상세한 서술적 묘사를 할 것이다. 몇 살인지, 수입은 어느 정도인지, 라이프스타일은 어떤지, 어디서 쇼핑을 하는지, 어떤 옷을 입는지, 그들이 듣는 음악은 무엇인지, 그들의 여가시간에 그들은 무엇을 하는지, 그들은 어디에서 사는지, 그들의 직업은 무엇인지 등. 정기간행물은 그들 독자들을 여러 측면에서 겨냥한다. 그리고 어떠한 브랜드가 가장 잘 어울리는지 찾게 하기 위해 광고 계획을 형성한다.

B2B 잡지는 유사한 계획을 제공한다. 많은 것들은 통제된 이용자(발행부수)로 알려진 것이다. 이것은 단지 정기간행물은 잡지가 겨냥한 업무 직위를 가지고 있는 사람들에게 우편으로 보내지는 것을 의미한다. CFO 또는 CIO는 말한다. 이러한 방법으로 발행자들은 브랜드를 접근할 수 있다. 그리고 우리 독자의 100%는 임원들이다. 브랜드는 결정권자인 임원들을 겨냥하고 있으니, 당신의 광고물을 우리에게 실으라고 말한다.

대부분의 정기간행물들의 재생산의 품질은 극히 높다. 그래서 발행자들은 브랜드의 비주얼 아이덴티티가 정확하게 재생(재현)될 것이라는 것을 약속할 수 있다. 그들의 광고는 또한 좀더 크리에이티브하고 관심을 끌 수 있는 장치를 이용할 수 있다. 펑하고 튀어 오르는 비주얼, 향기 나는 조각, 접은 페이지의 커버, 심지어 멜로디를 연주하는 컴퓨터 칩에 이르기까지 다양한 장치를 이용한다.

다이렉트 메일

다이렉트 메일과 마케팅은 소비자 대면 브랜드를 위한 강력한 도구이다. 이제 관계 마케팅, 허락(퍼미션) 마케팅 그리고 일대일(원투원) 마케팅과 같은 다수의 부분집합들이 있다. 이들 모두는 타깃에게 정교한 방법들이며 개별 소비자들과의 관계를 형성한다.

다이렉트 메일의 포맷과 레이아웃은 캠페인의 성공을 결정하는 두 가지 중요한 디자인 요소이다. 물론, 리서치는 캠페인에 우선한다. 컨셉과 미디어의 테스팅, 그리고 제안 그 자체가 중요한 전략적 요소이다. 그러나 그것은 배달을 제공하는 아트 디렉션이다.

우편을 통한 광고전단의 핵심 요소들은 카피, 이미지 그리고 배달되는 형태이다. 카피는 브랜드에 있어 독특하고 빈틈이 없어야 한다. 브랜드에 대해 간결하게 말해야 한다. 카피 또한 3초 테스트를 통과해야 한다. 만약 고객이 헤드라인과 캡션을 빨리 본다면, 그들은 그 나머지를 읽기를 열망하게 될까?

그러나 가장 중요한 것은 카피는 마케팅적 이어야 한다는 것이다. 타깃 소비자가 행동으로 옮길 수 있고 사용하도록 되어야만 한다.

이것 이상으로 이미지는 카피를 살리는 것이다. 그리고 단 하나의 임팩트있는 비주얼은 종종 잠재 고객들을 꼬이게 하는 가장 최상의 방법이다.

다이렉트 메일의 형태는 메일이 열릴지 아닐지를 결정한다. 봉투는 매우 중요하다. 그리고 전쟁의 반은 고객이 그것을 여는 것을 얻는 것이다. 기업이 사용하는 한 가지 방법은 수요를 환기시키는 것이다. 예를 들면, 봉투 그 자체 상에 유혹적인 사실인 특별한 제의를 놓음으로써.

흥미롭게도, 소비자에게 우편을 통한 광고전단을 사무적인 것처럼 보이게 만드는 것은 잘 작용한다. 비즈니스 우편 광고전단이 좀더 소비자에게 잘 보이게 만드는 것 또한 관심을 끄는 좋은 방법이기 때문이다.

2

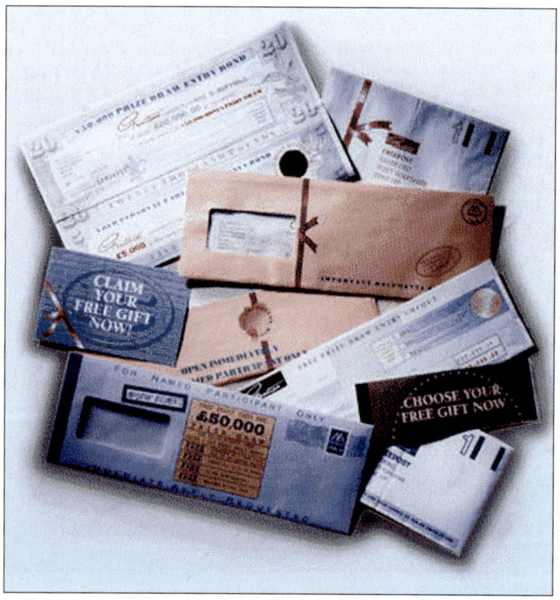

1

1
다이렉트 메일은 즉각적으로 관심을 끌어야만 한다. 공짜라는 단어가 이런 캠페인에서 많이 나타나는 것은 놀라운 일이 아니다.

3

4

2 | 3 | 4
이들은 메이저 브랜드들에 의해 행해지고 있는 몇 개의 매우 효과적인 캠페인의 사례들이다. AOL, 영국 은행 로이드 TSB, 그리고 포드.

모바일 디바이스

모바일 디바이스(셀폰과 PDA와 같은)에 있어서 무선 어플리케이션을 개발하는 것은 도전의 예외적인 구성을 나타낸다. 무선 환경의 브랜딩 전략에 있어 유저 인터페이스와 어플리케이션을 만드는 디자이너들이 직면해 있는 독특한 문제 중 몇 가지는 다음과 같다.

- **제한된 대역폭**: 전형적으로 무선 디바이스는 유선 디바이스보다 송수신에 사용할 수 있는 더 적은 대역폭을 가지고 있다. 3세대(3G) 모바일 네트워크는 넓은 폭의 연결성을 약속한다.
- **때때로 중단되는 연결:** 무선 디바이스로의 연결은 종종 믿을 수 없다. 지속적인 횡단의 연결은 어렵다.
- **클라이언트 디바이스 상의 제한된 메모리:** 다시 한번, 무선 디바이스의 모바일 특성 때문에 그리고 여전히 작은 것에 대한 그들의 니즈 때문에 메모리 스페이스는 현재 제한적이다. 메모리는 또한 디바이스 상의 유용한 전원(배터리)에 의해 제한적이다.

- **제한된 프로세싱 파워:** 디바이스와 배터리 수명의 사이즈 때문에, 디바이스 상의 프로세싱 인포메이션은 매우 비싸다. 극히 적은 오퍼레이션은 디바이스 상에서 실행되어야 한다. 그리고 그들은 단지 그들을 위해 강력한 정당화가 있는 곳에서 실행되어야만 한다.
- **제한된 유저 인터페이스:** 사용할 수 있는 키보드와 마우스는 종종 무선 또는 작은 모바일 디바이스에 유용하지 않다. 디스플레이는 거의 항상 마찬가지로 작다. 이것은 뷰잉과 데이터 엔트리를 더욱 어렵게 만든다.

그러므로 인포메이션 어플라이언스 상의 인터넷으로부터 다운로딩 데이터는 느리고 불안정하고 비싸다. 대부분의 사람들은 그들의 디지털 어시스턴츠 상에서 긴 문장을 읽는 것을 좋아하지 않는다. 그러나 그들은 주식 거래, 뉴스 헤드라인, 여행 예약, 온라인 뱅킹, 게임 기회, 날씨 보도, 그리고 간단한 위치에 근거한 서비스와 같은 데이터에 악세스를 얻는 것을 좋아한다.

이러한 디바이스 상의 델리버리를 위해 정보를 디자인하는 것은 운반하기에 유용하고 접근가능하고 그리고 항해하기 쉬운 신속한 콘텐츠를 만드는 것에서 시작한다. 대부분의 디바이스는 오늘날 가득 찬 키보드 옵션을 가지고 있지 않으며 단순한 버튼 기능을 요구한다.

데스크탑 컴퓨터는 유저 인터페이스에 없어서는 안 되는 컬러를 만들고 있다. PDA 스크린 상에서 더 작은 아이콘과 더 잠재성 있는 클러터(어지럽게 흩어져 있는)로 컬러는 유용한 것이 될 수 있다. 그러나 그것은 좀 더 컬러가 더 낫다는 것을 의미하지 않는다. 유용성 전문가들 사이에 컬러를 간주하는 기도(주문)는 덜한 것이 더한 것이라는 것과 친숙하다.

1
버진과 같은 브랜드는 셀폰 산업이 다른 소비자 제품만큼, 브랜드가 이끄는 것이라는 것을 증명하고 있다.

2
많은 브랜드가 미디어로 만족스럽게 옮겨가고 있는 것은 아니다. 그러나 소수는 그것을 성공적으로 하고 있다. 대부분의 디바이스가 캐스캐이딩(직렬, 폭포) 스타일 시트를 지원할 수 없다. 그리고 제한된 수용성을 가진 스크린을 가지고 있다. 인터페이스를 단순화하면 더 낫다.

CNN
NEWS

NOKIA
- Radiobombo - Il giornale di Trani -
Menu
Back

AOL Mobile
Communicator

CASSIOPEIA
Pocket PC
Internet Explorer
2:59p
EC/mobile
Events
Finance
FinanceHighlights
No let-up seen yet from OPEC on oil supply squeeze
British interest rates seen on hold in June
View Tools
CASIO

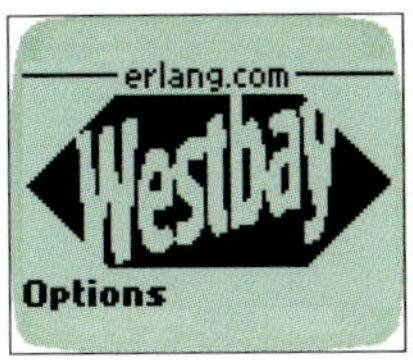
erlang.com
Westbay
Options

File
Options
Help
Send Controller Cmd "PC"
Send Controller Cmd "LED"
Send Controller Cmd "MON"
Setup
1758 rpm x1
3.72 v
logging to 20020428-225914
684 records logged.
logging to 20020428-230102
6492 records logged.
LOG
FAST
0000011558

- CurryP

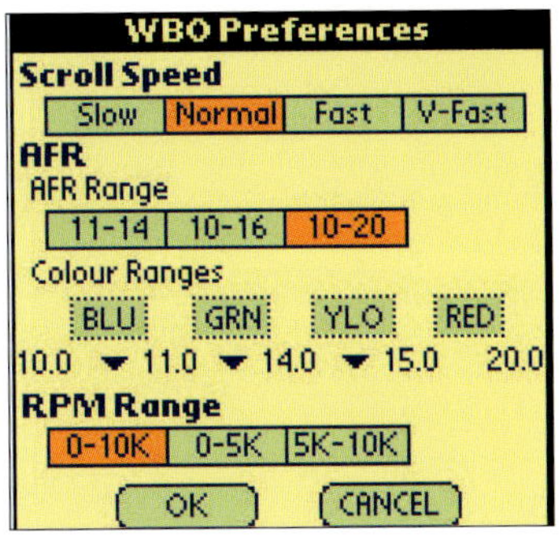
WBO Preferences
Scroll Speed
Slow
Normal
Fast
V-Fast
AFR
AFR Range
11-14
10-16
10-20
Colour Ranges
BLU
GRN
YLO
RED
10.0
11.0
14.0
15.0
20.0
RPM Range
0-10K
0-5K
5K-10K
OK
CANCEL

FOOTBALL

My Yahoo!
YAHOO!
Hello, mkmobile
Personalize
Stocks
Sports
News
Movies
Weather

Options
Cancel

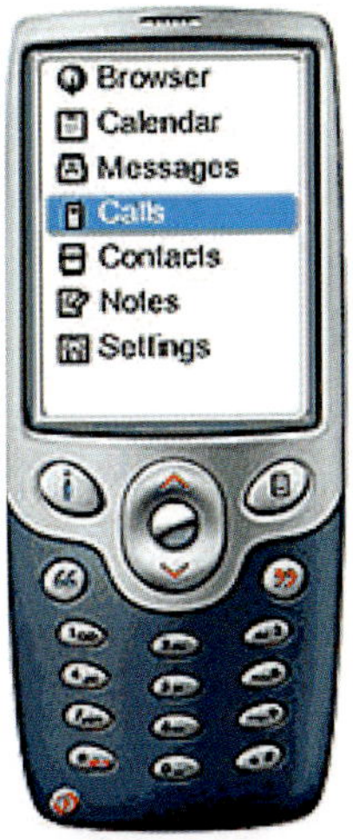
Browser
Calendar
Messages
Calls
Contacts
Notes
Settings

NOKIA
PLANET OF THE APES

TODAY

FINDER
LOWRANCE
SporTrak Pro
MAGELLAN
etrex
GARMIN
MULTI-NAVIGATOR
BRUNTON

Kilmist SnapShot
2:56a
Options Help

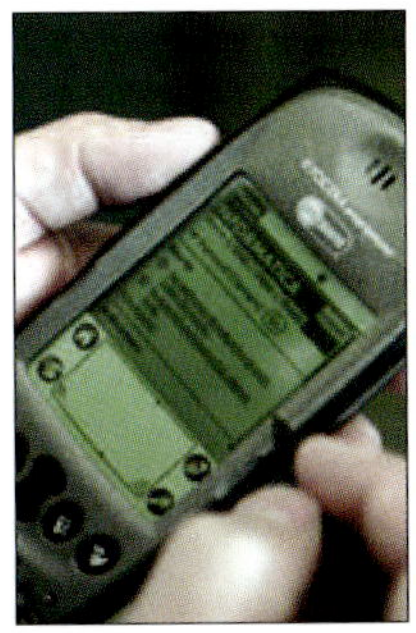

Internet Explorer
11:25a
http://www.informatica.com
Go
Personal (Current)
Alerts
Indicators
View Tools

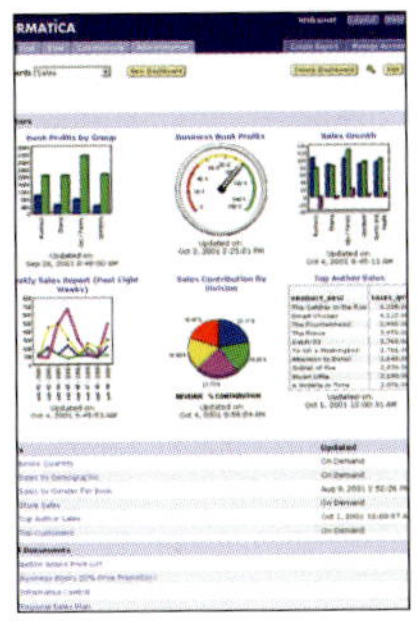

91

아웃도어 광고

공공 지역에 놓인 메시지는 브랜딩 메시지를 현실감 있게 임팩트를 줄 수 있으며, 파급 효과를 만든다. 포스터와 빌보드는 여전히 광고의 중요한 형태이다. 그리고 디자인과 사진의 몇몇 상징적인 예들의 특징을 만든다.

효과적인 빌보드 캠페인으로 가는 열쇠는 최소한의 카피를 가진 단 하나의 눈에 띄는 비주얼이다. 그것은 메시지를 빨리 커뮤니케이션 하도록 만드는 강력한 크리에이티브 위에 형성되어야 하며, 관심을 끌고 기억되기 쉬워야 한다.

우세한 헤드라인은 제품의 신호로서 행동할 수 있다. 짧고 붙잡을 수 있는 문구는 효력을 가장 잘 발휘한다. 특히 만약 그것이 단어로 작용하거나 일반적인 문구상의 비틀기(꼬기)라면.

1

2

빌보드가 멀리서 작용할 필요가 있을 뿐만 아니라, 멀리서 관심을 끌 수 있을 필요가 있다는 것을 기억하는 것은 중요하다. 특히 만약 빨리 움직이는 교통 가까이에 위치한다면. 아웃도어 캠페인의 모든 것은 낮과 밤의 모든 시간대에 잘 보여야 한다. 그리고 운전과 조명 상황의 모든 종류 하에서도 마찬가지이다.

그러나, 빌보드는 아웃도어 광고의 유일한 형태는 아니다. 거기에는 또한 스트리트 퍼니처(거리가구, 거리 조명, 벤치 또는 버스 쉘터에 있는 광고판과 같은), 트랜시트 광고(이동 광고, 버스, 밴, 택시 기타 등등 상의), 그리고 얼터너티브(대안적) 캠페인, 공기 등으로 부풀게 하는 것을 사용하는 것과

3

4

1 | 2 | 3 | 4
빌보드는 명백히 멀리서도 효과를 발휘할 필요가 있다. 그러나 그들은 또한 빨리 눈길을 잡을 필요도 있다. 그렇지 않으면 메시지는 종종 빨리 움직이는 교통 상에서 놓치게 될 것이다.

5 | 6 | 7
핵심 이미지, 컬러와 비주얼 모두는 빌보드를 효과적으로 만드는데 매우 중요한 역할을 한다(특히 군중들로 가득찬 공간에서).

5

8 | 9 | 10
짧고 효과적인 카피와 함께 하는 단 하나의 인상적인 이미지는 성공적인 이동 광고의 핵심이다.

6

7

9

8

10

같은 또는 친숙한 경계표 또는 건물 상에 설치하는 것 등이 있다.

아웃도어 광고에 있어서 가장 중요한 디자인 고려사항은 다음과 같다.

- **그래픽:** 이미지는 어느 거리에서든 시선을 사로잡고 매력적이어야 한다.
- **컬러:** 대담하고 밝은 컬러. 최대한의 임팩트는 두 가지 컬러(어둠과 밝음의 대비)를 대조시킴으로서 만들어진다. 블랙과 화이트 사진은 이러한 이유에서 효과적이다.
- **사물과 배경:** 전경과 배경 사이의 관계를 지키는 것을 명백히 보여줘야 한다. 배경은 결코 사물과 경쟁해서는 안 된다.
- **타이포그래피:** 심플하고 깨끗하고 혼란을 주지 않는 타입을 사용하는 것이 최상이다. 이것은 멀리서 특히 움직이는 사람들에게 읽히기 쉬워야 한다.
- **조명:** 밤에 빛을 발하는 빌보드 위에 비주얼을 주목해야 한다. 특히 변화하고 회전 또는 네온을 함유하는 것들 위에서.
- **모양:** 비주얼 임팩트를 위해 수평선, 사라지는 선들, 그리고 차원적 상자들과 함께 작용함으로서 3차원적 효과의 착시를 만든다.

이동 광고를 위한 규칙은 약간 다르다. 이동 광고는 버스, 택시, 통근 기차, 도시의 철도, 운반차, 엘리베이터, 손수레 그리고 비행기와 같은 상업적 이동수단을 이용하는 수백만 사람들을 타깃으로 하고 있다. 많은 경우에 있어서 광고가 도시의 철도 플랫폼 또는 기차 위에 나타날 때, 캠페인은 본문이 많은 것일 수 있다. 잠재적 고객이 읽을 시간이 더 많기 때문에. 그러나 단 하나의 눈에 띄는 이미지는 여전히 사람들이 첫째로, 우선적으로 광고주의 메시지를 읽게 하는 유인책이다.

세일즈 프로모션

세일즈 프로모션은 제품의 실질적인 최종 사용자를 향하고 있다. 소비자들이 제품(가득 찬 선반으로부터 관심을 끌기 위해 소리를 지르는 제품과 반대되는 것으로서)을 찾아 가게로 갈 때, 제품의 컨셉 또는 아이디어에 대해 미리 수요를 환기시키는 것이 세일즈 프로모션의 목적이다. 세일즈 프로모션의 중요한 유형은 다음과 같다.

· 샘플, 샴푸의 1회용 봉지, 새로운 음료수의 무료 시음, 향수의 샘플병과 같은 작은 것, 단지 제품의 사용 형태에서 고객이 맛, 냄새, 감촉 또는 듣는 것을 경험할 수 있다.

· 새로운 또는 경쟁적 제품의 구매를 고무하기 위한 할인. 이것은 때때로 위험하다. 그것은 덜 비싸야만 한다는 생각과 선례를 만들 수 있기 때문에.

· 20% 추가 무료 캠페인은 고객들이 동일한 가격에 좀 더 얻는다.

· 쿠폰은 선물로 이끄는, 모을 수 있는 시리즈의 부분이 될 수 있다.

· 혼자 또는 몇 사람이 판돈 전부를 독차지 할 수 있도록 꾸민 내기와 경쟁. 샘플 프로모션은 브랜드의 비주얼 아이덴티티와 디자인 정신을 요약하기 위한 독특한 기회를 만든다. 그들이 마케팅 푸시를 함으로써 돌아오는 제품 그 자체의 작은 버전으로서. 효과상으로, 그들은 고객들이 제품을 테스트 하고자 하는 충동을 일으키게 한다. 이것은 빨리 움직이는 소비자 상품(FMCG)과 특히 화장품에 잘 적용된다.

샘플 프로모션이 가게 내의 간이 건물에서 이뤄질 때, 또는 기차역 또는 공항과 같은 공공장소의 간이 건물에서 행해질 때 브랜드는 그들 제품을 둘러싼 흥분의 진짜 감각을 만들 수 있다. 비록 잠재 고객들이 샘플을 얻기 위해 멈추지 않을지라도, 그 간이건물 주위에 몰려드는 수많은 사람들의 존재는 종종 제품 그 자체만큼 좋은 광고가 된다. 사람들은 그들이 만약 군중 다수에 끼지 못한다면, 기회를 놓쳤다고 느낄 것이다.

쿠폰은 비록 고객들이 아직 그 제품을 시도하지 않았을지라도 제품에 대한 로얄티를 독려한다. 예를 들면 선물, 제품의 무료 제공, 또는 동일 제조업자로부터의 다른 제품(그것은 캠페인의 숨겨진 목적이 있을 것이다)의 쿠폰과 같은 것은 브랜드 소유자들이 때때로 고객들에게 약속된 혜택을 주기 전에, 제품의 일정 양에 대한 구매를 독려하기 위함이다.

1

2

3

4

5

6

7

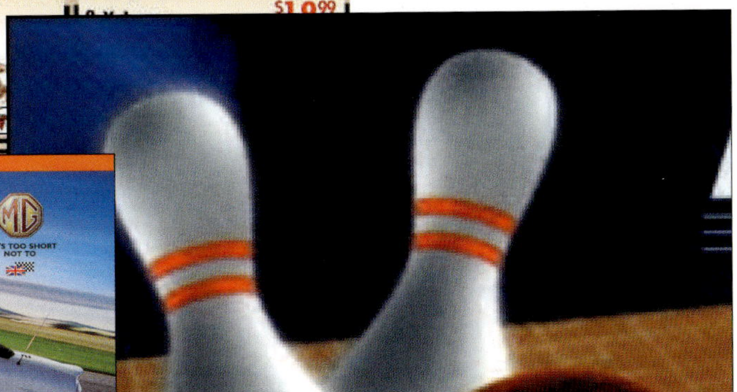

9

8

11

10

1 | 2 | 3 | 4 | 5
6 | 7 | 8 | 9 | 10
가격을 낮추는(선례를 만드는) 대신에, 많은 브랜드들은 추가적으로 제품을 더 주는 것을 좋아한다. 이것은 그들의 제품이 더 싸게 팔릴 수 있다는 인상을 만드는 것을 피하기 위함이며, 브랜드를 수정하기 위한 디자인의 기회이다.

11
소비자들은 낮은 가치의 아이템을 구매할 때, 자동차 또는 휴가를 얻는 아이디어를 좋아한다.

브랜드 모델

많은 기업들이 점차적으로 그들 브랜드를 위한 특정한 퍼스낼리티 유형을 만들기 위해 유명인의 연상 이미지, 또는 연상에 의한 유명인의 퍼스낼리티를 사용하고 있다. 많은 브랜드는 그들에게 맞는 적당한 얼굴을 찾았을 때 활기를 띤다. 특히 스포츠 퍼스낼리티는 그들에게 건강, 젊음, 생명력, 건전한 삶, 개인적 성취 등을 가져다준다. 훌륭한 외모와 개인적 스타일이 좋은 골퍼인 **타이거 우즈**, 테니스 선수인 **안나 코르니코바**, 그리고 영국의 축구 스타 **데이빗 베컴** 등을 통해 이를 얻는다.

그들이 적당한 얼굴 또는 퍼스낼리티를 찾았을 때, 몇몇 브랜드는 새로운 시대를 위해 그들의 비주얼 아이덴티티를 재발명하기 위한 기회를 잡는다.

시계 브랜드 **태그 호이어**는 스포츠 퍼스낼리티를 이용하는 몇 개의 글로벌 광고 캠페인을 런칭하였다. 그것은 거칠고, 차갑고, 기계적인 예전의 이미지로부터 따뜻하고 인간적인 브랜드로 보이는데 충분한, 그러나 여전히 기계적으로 멋진 이미지로 옮겨가고 있다.

이전의 테니스 수퍼스타 **보리스 베커**와 같이 스타일이 있는 스포츠 퍼스낼리티를 사용함으로써, 이러한 브랜드들은 그것의 추상적인, 열망적인 컨셉이 스포츠의 우수성과 같이 연상됨으로서 결합할 수 있다. 정신적 고난과 불행 또는 성공을 극복하기 위한 자아 통제와 같은 생각은 그들 자신을 승자로서 또는 그렇게 되기를 원하는 사람들에게 어필한다.

그리고 홈 영역에서 벗어나서 때때로 광고 캠페인에 그들의 얼굴을 빌려주는 몇몇 사람들은 특히 브래드 피트, 제니퍼 애니스톤과 같은 영화 또는 TV 배우들은 광고가 그들의 핵심 소구를 덜 손상시키는 영역이 된다. 가수와 팝 스타들 또한 인기가 있다. 예를 들면 2002년 **코카콜라**와 **펩시**는 각각 TV 캠페인에서 대면하기 위해 **크리스티나 아길레라**와 **브리트니 스피어스**와 각각 사인을 했다.

이것이 단지 유명인 보증 효과에 대한 빙산의 일각일지라도 음료 회사와 다른 브랜드들은 종종 라이브 뮤직 이벤트와 다른 빅 쇼의 스폰서가 된다.

1

1
코카콜라는 더 젊은 소비자에게 소프트드링크의 환심을 사기 위한 희망에서 TV 캠페인에 크리스티나 아길레라를 등장시켰다.

2
2000년에 비너스 윌리암스는 리복을 지지하기 위한 스포츠 퍼스낼리티의 하나가 되었다. 그녀의 독특한 스타일은 젊은이들에게 소구한다. 그녀의 계약은 '컨벤션에 도전하라(관습을 무시하라)'라 불리는 캠페인을 위한 런칭 패드로서 사용되었다.

2

3

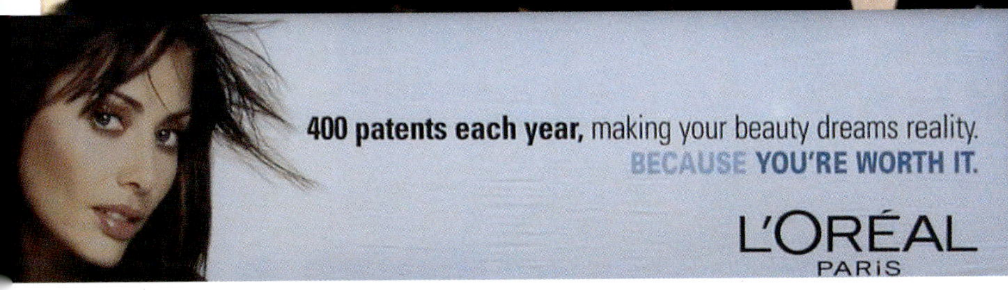

4

3 | 4 | 5
이전 프랑스 축구 스타 에릭 칸토나, 그리고 세상의 넘버원 골프선수 타이거 우즈와 같은 유명한 스타와 유명인들은 나이키와 로레알부터 태그호이어에 이르기까지 많은 브랜드들에 의해 지위와 매력을 만들기 위해 이용되었다.

5

브랜딩의 새로운 실행

온라인 광고

기업이 인터넷을 처음 사용하기 시작했을 때, 단조롭고 지루한, 매력적이지 않게 보이는 텍스트의 형태로 주로 정보를 퍼뜨리기 위한 것이었다. 잘해야, 대부분의 사이트들은 사람들이 브라우저를 할 수 있고 정보를 끌어올 수 있는 온라인 카탈로그였다.

이제 웹 사이트는 화려하고, 움직이는, 그리고 인터액티브한 감각적 경험들을 제공하고 있다. 고객의 개인적 선택, 선호, 흥미 그리고 수요를 반영하기 위해 개인화 되고 있다.

그래서 무엇이 사이트를 성공적으로 만들었나? 넓게 말하자면, 웹 사이트의 객체들은 다음과 같이 9개의 카테고리로 구분할 수 있다.

- 정보 배포
- 인지
- 고객 선택, 선호 그리고 구매습관에 대한 정보 수집
- 브랜드 이미지와 평판을 만들고 유지
- 새로운 제품과 서비스의 시도를 고무
- 사용자 커뮤니티와 함께 브랜드의 관계와 고객 서비스 증진
- 제품과 서비스 판매
- 독특한 부가 가치 서비스 제공(나이키의 '당신 자신의 운동복을 온라인에서 디자인하세요' 와 같이 제공하는)
- 낮은 가격의 1대1 비즈니스 용 채널 쪽으로 고객들을 이동

많은 기업들을 위한 수익의 한 가지 소스는 온라인 광고가 되는 것을 계속한다. 그들의 인터넷 실체로부터 수익 흐름 또는 유지할만한 비즈니스 모델을 형성하는 브랜드가 거의 없을지라도. 정말로 대부분의 기업들은 개인 이용자들의 커뮤니티를 형성하고 고객과의 관계를 형성하는 데 있어 웹이 낮은 가격의 채널로서는 최상이라는 것을 안다.

그것은 또한 독특하게 성공적인 수단이기도 하다. 고객들의 선택과 선호에 대한 데이터를 수집하고, 그들을 위한 개인화된 경험을 디자인하는 성공적인 수단이다(그러나 마이브랜드 X의 성장은 그 사용자가 주문화 하는 능력을 가지고 있다는 잠재성을 가지고 있다).

배너 광고와 스카이스크래퍼(수직의 배너)의 시대 이후, 대부분의 온라인 광고주들은 그들의 브랜딩 실체의 디자인에 있어서 좀더 크리에이티브 하게 되었다. 침입형(격자 사

이)의, 입체식 윈도우, 그리고 다른 광고 스타일들은 점차적으로 평범해지고 있다.

온라인에서 광고하는 브랜드에 있어 도전의 핵심은 브랜드 가치가 올바르게 전달되는가를 보증하는 것이다. 그리고 광고의 객체가 명확한 것이다. 만약 광고가 전술적이라면 디자인은 클릭 쓰로우(브랜드 자신의 사이트)를 독려하고 반응률을 최대화하는 것이다. 만약 어떤 면에서 그 목표가 전략적이라면(예 브랜드 형성), 메시지는 명확하고 그것의 디자인에 따라야만 하는 것이어야 한다.

많은 브랜드들은 또한 웹이 브랜드를 새로운 영역(온라인 필름 또는 비디오 경쟁 그리고 제품이건 서비스건 둘 다 팔지 않는 크리에이티브 한 웹 벤처의 다른 형태와 같은)으로 확장하기 위한 평범하지 않은 기회를 제공한다는 것을 알고 있다. 그러나 소비자들에게 브랜드의 정신, 가치, 그리고 비주얼 아이덴티티를 확대하는 행위에 있어 참여하기를 독려한다. 게임, 갬블링, 채팅 룸과 다른 커뮤니티 활동들의 호스트는 브랜드가 상징하는 것의 일부분을 사람들이 느끼도록 디자인될 수 있다.

1

2

1 | 2
배너광고는 여전히 웹상에 있어서 가장 인기 있는 형태의 광고이다. 그러나 그 포맷은 개발되고 있고 버튼에서 배너로, 스카이스크래퍼 그리고 풍부한 미디어 배너로 성장하고 있다.

3
갭의 쇼핑 웹 사이트는 갭 스토어 중 하나에서 쇼핑하는 경험을 반영한다. 그 타이포그래피는 깨끗하고 흩어지지 않았다. 디자인은 모던하지만 접근하기 쉽다. 그리고 구입 가능한 옷의 범위는 다양하다.

그리고 기술이 매우 빨리 진전하고 있기 때문에 브로드밴드 웹 악세스, 더 큰 메모리 용량 그리고 더 빠른 프로세서 수단은 많은 웹 사이트들이 이제 성공적으로 프린트, 소리, 음악, 비디오, 애니메이션 그리고 게임과 같은 다른 미디어로부터 디자인 스타일과 요소들을 결합할 수 있다. 여기에 대한 디자이너들의 도전은 쉬운 네비게이션이며, 균형 잡힌 아이케칭 비주얼, 애니메이션, 그래픽, 비디오, 사운드이다. 그리고 방문자를 좌절시키지 않는 빠른 다운로드 시간과 함께 해야 한다.

그래픽은 눈을 사로잡을 수 있어야 한다. 그러나 너무 많은 다운로드 시간을 요구 하지 않고 혼란스럽지 않아야 한다.

타이포그래피는 심플해야한다. 그러나 독특해야 한다. 몇몇 타이포그래피의 요소들은 고객의 컴퓨터상에 디스플레이 하기 위해 그래픽 파일로서 저장될 필요가 있을 것이다. 썸(thumb)의 규칙으로서 디자이너들은 적은 서체를 사용해야 한다. 그리고 부조화를 일으키는 컬러를 피해야 한다. 또는 배경에 대비해 읽기 어려운 컬러도 피해야 한다. 결국 디자이너들은 다른 컴퓨팅 플랫폼과 브라우저들이 타이포그래피가 항상 올바르게 디스플레이 되지만은 않고 또 다른 타이포그래피도 대신 쓰게 되지 않는다는 것을 의미한다는 걸 마음에 새겨야만 한다.

4

3

인터액티브 TV

인터액티브 텔레비전(iTV)은 인터액티브 미디어에서 가장 최근의 그리고 매혹적인 개발물이다. 역사적으로 텔레비전은 정보, 뉴스, 오락의 혼합된 프로그램을 가능한 한 가장 넓은 소비자에게 방송하는 일방향(원웨이) 커뮤니케이션 포맷이었다.

그러나 소비자들은 이제 그들이 인터넷으로 할 수 있는 동일한 방법으로 텔레비전과 상호작용할 수 있는 능력을 가지고 있다. 그것은 또한 좀 더 타겟화 된 채널, 단지 음악만을, 쇼핑만을 등의 거대한 다양성에 대한 액세스를 가지고 있다. 이것들은 명확하게 한정된 소비자를 목표로 프로그램화된 콘텐츠의 전체 스케줄을 가지고 있다는 점에서 정기간행물의 텔레비전에 상당하는 것이다.

텔레비전은 이제 정보, 쇼핑 게임 오락 그리고 많은 다른 서비스의 넓은 다양성을 얻기 위해 이용될 수 있다. 많이 잘 알려진 소비자 브랜드는 인터액티브 TV로 매우 성공적인 변화를 만들기 위해 관리되고 있다. 그러나 단지 그들은 소비자가 어떻게 미디어와 상호작용하고 있는가의 원칙을 이해하고 있기 때문일 뿐이다.

유럽에서의 인터액티브 TV 시리즈는 공공 인터넷 상에 있는 대신에 벽으로 둘러싸인 정원 내에 존재한다. 제한된 인터넷 액세스(특정 사이트에 대한)는 케이블과 위성을 통해 몇몇 인터액티브 서비스를 이용할 수 있다.

이러한 환경 아래, 방송업자들은 전체적인 환경과 소비자 경험 둘 다를 조정하고 있다. 방송업자들의 비디오 광고와 연결된 전자 프로그래밍 가이드(EPG)는 인터액티브 서비스로 사용자들을 이끈다.

기술적으로 인터액티브 서비스의 기능은 PC상에서 하는 웹 액세스 방법과는 다르다. 셋탑 박스가 쌍방향(투웨이)커뮤니케이션을 위한 모뎀을 포함하는 반면, 상호작용성 대부분은 인터넷으로 가는 완전히 열린 접속이라기 보다는 지역적으로 세탑 박스 내에서 발생한다.

TV를 경유한 상호작용성은 다음의 카테고리에 해당한다.

- **일방향(One-way):** 텔레텍스트, 이것은 노멀 비디오 프로그래밍과 EPG와 함께 데이터를 제공한다. 이것은 리턴 패스를 사용하지 않는다. 데이터는 계속적으로 제공된다.
- **로컬(Local):** 단순한 게임과 강화된 콘텐츠는 지역적으로 셋탑 박스에 저장된다. 방송업자들은 시청자들이 추가적으로 데이터를 요구하도록 허락하는 리턴 패스를 이용하거나 이용하지 않는다.

- **쌍방향(Two-way):** 인터액티브 광고, 뱅킹 그리고 쇼핑은 모두 거래를 거치기 위한 리턴 패스를 요구한다. 그러나 대부분의 상호작용성은 여전히 로컬이다. 이것은 단순한 어플리케이션을 위해 모뎀을 열 필요를 완화시킨다.
- **리얼 타임(Real-Time):** 멀티플레이어 게임은 인터액티브 TV 상에서 아직 이용할 수 없다. 몇몇 방송업자들은 가까운 미래에 그것을 제공할 계획이다.

디자이너들은 네비게이션과 단순성이 인터액티브 TV 상에서 성공적으로 브랜드가 작용할 수 있도록 하는 중심요소라는 것을 기억해야만 한다. 소비자들의 대다수는 추가(부가

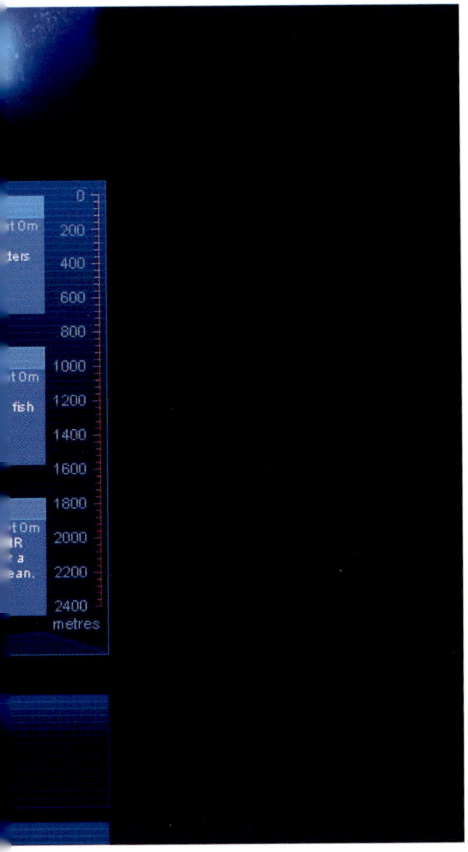

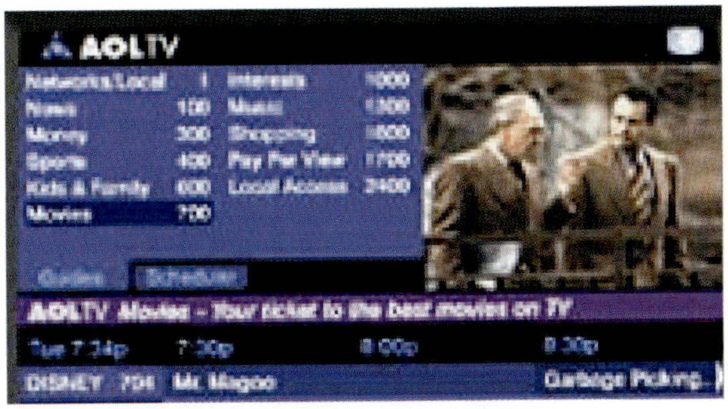

2

3

1 | 2 | 3
네비게이션과 이용의 용이성은 인터액티브 TV 사이트를 디자인 할 때 핵심 이슈로 여전히 남아있을 것이다. 심플한 컬러를 효과적으로 사용해온 사이트들은 마비스라이브, AOL TV, 그리고 그 밖에 QKAG 라는 브랜드가 있다.

장치) 키보드가 유용하다 할지라도(그러나 일반적으로 인기 있지 않다) 리모컨을 이용해 iTV와 상호작용한다.

명확한 컬러는 TV 모니터 상에서 잘 재생되지 않는다는 것을 기억하는 것은 중요하다. 그래서 브랜드 디자이너들은 iTV 환경을 위해 디자인된 브랜드는 인정된 경계 내에 들어가야만 한다는 것을 확보해야 할 것이다.

게릴라 마케팅

게릴라 마케팅은 대부분의 회사들이 마케팅 자금을 다 써버리는 것과 함께 인터넷 붐 기간 동안에 이룩했다. 그들은 수익의 흐름을 언급하지 않는 스크래치로부터 브랜드를 만드는 과제를 과소평가했기 때문에.

웹 사이트를 방문하게 유도하는 가장 효과적인 수단으로서 소비자들 입에 오르는 구전과 함께, 광고주들은 온라인과 오프라인을 통해서 광고 소음을 깨기 시작했으며, 브랜드 연관성을 통해 소문을 일으키기 시작했으며, 게릴라 마케팅을 통합했다.

게릴라 마케팅, 가시성을 얻기 위한 관습을 좇지 않는(자유로운, 판에 박히지 않은) 방법의 사용은 많은 사이트들이 여러 흩어져 있는 광고들 위로 떠오르는 것을 돕고 있다. 효과적으로 실행될 때, 게릴라 마케팅 캠페인은 소비자의 관심을 끌고 그들을 주목하게 만드는 독특하고 예기치 않고 기억할만한 것이다.

이러한 전술들은 또한 비교적 적은 비용으로 마케팅 캠페인의 효과를 증가시킨다.

몇 가지 테크닉은 일반적으로 다음과 같다.

· **거리의 남자:** 회사의 종업원 또는 고용된 사람들은 1대1을 기본으로 소비자들과 상호작용한다.

· **오프라인 샘플링:** 기업들은 브랜드화 된 상품들을 소비자들에게 나눠준다. 매매를 유도하기 위한 노력으로, 그리고 온라인상의 판매를 유도하기 위한 노력으로. 오프라인 샘플링은 종종 거리의 남자 캠페인의 부분이기도 하다.

· **대안적 아웃도어:** 기업들은 전통적이지 않을 뿐만 아니라 측정할 수 없는 아웃도어 광고를 놓는다. 거친 포스팅을 포함한 포스터는 종종 도시의 건물 지역을 둘러싸고, 매우 잘 보이는 위치 등 공공지역에 비공식적으로 붙인다.

· **바이러스 마케팅:** 일반적으로 e메일 메시지를 통해 소비자들에게 판매 촉진용 메시지와 제공들에 따른 인센티브가 주어진다. 효과적인 기업의 판매력의 일부가 된다.

· **온라인 소문 전술:** 기업의 종업원들, 또는 고용된 대리인, 시드 온라인 토론 그룹, 채팅 룸 또는 팬 사이트들은 온라인상에서 소문을 만들고 특정 사이트로 가게하기(트래픽) 위해 드라이브를 거는 노력을 한다.

이러한 기술들을 매우 성공적으로 이용한 기업은 펫마트닷컴이다. 개인적 그리고 지역적 레벨상(그리고 브랜드를 유명하게 하는)의 펫의 소유주들을 더 잘 타겟팅 하기 위한 노력에 있어서, 펫 공급자와 상품의 소매자들은 그들 게릴라 마케팅 프로그램의 부분으로서 거리의 남자 캠페인을 시작하였다.

펫마트닷컴은 외부 대행사와 합동으로 일하는 인 하우스 그룹을 통해 그들 캠페인을 만들었다. 그 회사의 마케팅 부서는 게릴라 마케팅 노력에 헌신할 그룹에 있어서 한 명의 풀타임 종업원과 함께 아이디어를 개발하였다.

그 전략을 실행하기 위해, 펫마트닷컴은 브랜드를 올바르게 그리고 효과적으로 커뮤니케이션 하는 방법에 있어서 브랜드 대사(앰버서더)라고 불릴 사람을 훈련시켰다. 그리고 나서 기업은 그들 대사를 공공의 개 달리기와 개와 관련된 이벤트에 급파했다. 중요 도시들에서 이들 가운데 많은 부분에 스폰서를 했다.

브랜드 대사들은 브랜드화 된 테니스볼, 개 비스킷, 카드, 하늘을 나는 것, 티셔츠, 그리고 개 주인의 모자를 배포했다. 펫마트닷컴의 이름을 각 사람들의 손에 놓고 잠재 고객들과의 관계를 만든다는 목표와 함께. 회사는 로컬 오프라인 마

2
기업들은 브랜드를 위한 대안적 관심의 증가를 위해 전통적이지 않을 뿐만 아니라, 측정할 수도 없는 아웃도어 광고(거친 포스팅을 포함하여)를 배치한다.

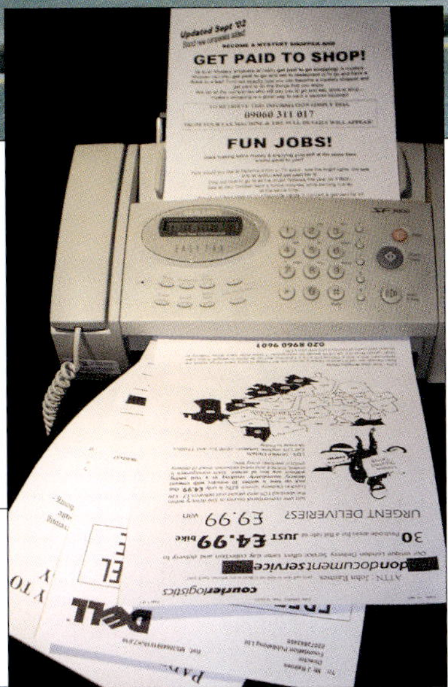

1
온라인상의 소문을 만드는 것은 요즘 네트상 브랜드를 형성하는 데 있어 중요한 측면이다.

3
요청받지 않은 많은 광고와 프로모션들이 사람들의 팩스 기계를 경유해서 보내지고 있다.

4
10대 팝 가수 크리스티나 아길레라의 데뷔 앨범 발매에 앞서 RCA레코드는 레코드 판매와 긍정적 소문을 만들기 위한 노력으로 대중적인 10대 채트 사이트와 온라인 토론 그룹상에서 싱어를 프로모션하기 위해 젊은 온라인 이용자 그룹을 고용했다.

케팅 노력과 함께 이들 독창력있는 아이디어를 보충하였다.

펫마트닷컴은 그들 거리 위의 남자 캠페인을 확장하기 위해 관리했다. 개 패션쇼와 개 채용센터에서의 파티를 포함하여, 그것은 캐니 꾸뜨르라 불리는 이벤트이다. 이것들은 로컬의 펫 소유 커뮤니티를 통해 선호도를 만들었다. 종종 브랜드의 인지도를 올리는 것과 동시에 자선을 위한 돈을 모으는 이벤트도 하였다.

이러한 결과들은 예외적이었다. 게릴라 마케팅 노력의 성공은 종종 측정하기 어렵다. 그러나 펫마트닷컴의 임원들은 그들 거리의 남자 이벤트가 열릴 때마다 그 사이트가 지역적 판매 스파이크를 일으킨다고 보도한다.

향수 마케팅

일반적으로 사람들은 그들이 가장 좋아하는 영화를 처음 보았을 때, 또는 노래를 들었을 때를 기억한다. 왜냐하면 그것은 그들 인생에 있어서 의미 있는 시간과 연결되기 때문에 그들에게 중요하다. 사람들은 이런 유형과의 깊고 개인적인 연상을 발달시킨다. 몇몇 브랜드들은 이런 기억할만한 경험들을 동등하게 디자인하기 위한 열망으로 사용하는 어떤 것이다.

정기간행물인 비즈니스 위크는 그 트렌드를 향수(Nostalgia) 마케팅이라고 부른다. 많은 브랜드들은 전문적이며 성인 고객들이 그들 학창시절로부터 기억할 광고물들을 대신 운영한다. 그 목표는 그들이 처음으로 그것을 보았을 때의 감정을 다시 불러일으키는 것이다. 그리고 그 향수(노스탈지아)에 어필함으로써 브랜드에 대한 지식을 다시 새롭게 하기 위함이다.

다른 브랜드들은 그들의 과거와 관련된 것을 아는 것을 만든다.

폭스바겐의 뉴비틀과 뉴미니는 둘 다 새로운 시대를 위해 클래식을 재창조한 브랜드 디자인의 예이다. 이들 디자인 둘 다는 지난 세기 중반에 그들의 뿌리를 두고 있다.

그렇게 함으로써, 브랜드는 그들 자신의 뿌리와 핵심 가치를 재발견할 수 있다. 그리고 그들이 무엇을 성취하고 그들이 어디로부터 왔는지를 회상할 수 있다. 예를 들면, 코카콜라 웹 사이트를 방문할 때, 그 회사가 자랑스럽게 그들의 역사를 나열하고 있는 것을 볼 수 있다. 이러한 움직임은 고객이 될만한 세대를 잡는다. 그 브랜드의 원칙의 초점은 여전히 젊은이들을 끄는데 있을 수 있다.

코카콜라 사이트는 지나간 날들에 관한 것들로 가득 차 있다. 정다운 그리고 향수어린 시간들로 싸여있다. 메르세데스 벤츠는 우리로 하여금 과거를 기억하게 하는 또 다른 브랜드이다(연상에 의해 그것의 과거 그리고 우리의 과거를).

메르세데스 웹 사이트의 전설과 열정의 섹션은 훌륭한 전통, 그리고 그들 고객들이 지나간 그들 자신의 시대에 가졌던 좋은 기억과 함께 그 자신을 연상시키기 위해 열심인 브랜드를 나타낸다. 2001년 기업의 100주년 축하공연에서 수십 년 간 그들 혁신의 역사를 회상시키기 위래 그들의 지난 광고들을 다시 꺼내어 보였다.

예상 밖의 기대는 브랜드 기억을 창조하는 또 다른 방법이다. 소비자들은 브랜드 경험으로부터 기대하는 것을 알기에 충분할 만큼 닳고 닳았다. 그들에게 새로운 어떤 것, 예상 밖의 것 또는 상자에서 꺼낸 것을 주는 것은 브랜드 기억을 창조하는 것을 돕는다.

1

2

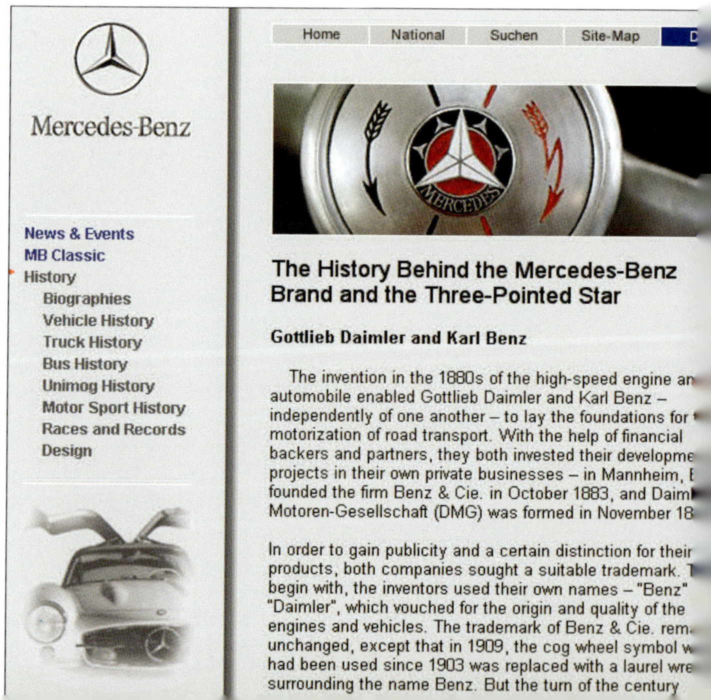

4

4
전통과 역사는 잭 다니엘의 광고 전략에 있어 절대필요한 부분이다.

5
코카콜라 웹 사이트는 지나간 시절과 관련된 것들로 가득차있다.

5

109

3

1 | 2 | 3
미니와 메르세데스 둘 다 그들 브랜드 가치를 강화하기 위해 그들의 전통을 사용한다.

6

6
프란시스 바로드에 의한 오리지날 그림으로부터 얻어낸 HMV 로고는 오늘날의 요구에 부합하기 위해 이미지를 업데이트하지 않고 원래의 느낌을 유지하고 있다.

HMV
top dog for music·video·games

글로벌 마케팅

글로벌 브랜드를 디자인하고 관리하는 것은 브랜드 소유주에게 있어서는 많은 테스트에 대한 도전이다. 글로벌 브랜딩은 과정이다. 어떤 브랜드 소유주가 제품 또는 서비스를 어느 한 시장에서 다른 시장으로 성공적으로 민감하게 옮길 수 있는가에 의한 과정이다.

그러나 글로벌 브랜딩 성공의 열쇠는 지역적 다양성, 특수성, 그리고 제품이나 서비스가 지역적 경계를 넘어서기 전의 사용패턴을 이해하는 데 있다.

오늘날 많은 브랜드들은 지역적 차이를 이해하고 강조함으로서 글로벌 제안을 형성하거나 반대로 의도적으로 다문화적 그리고 다민족적 비주얼 아이덴티티(예를 들면 베네통과 같은 경우)를 디자인함으로써 글로벌 제안으로 한다.

투자 은행인 모간 스탠리의 캠페인 "한번에 한 명의 고객", HSBC의 지역 전통 광고, 그리고 브리티쉬 에어웨이의 대담한, 그것이 제공되는 경계로부터 그것의 꼬리 지느러미(안정판)인 지역적 아티스트의 페인팅 전시하기를 결정하는 것 등은 모두 글로벌적 사고(thinking)의 예들이다.

몇몇 국가들은 정부 차원에서 그들 자신의 브랜딩을 검토하기 시작하고 있다(우리가 70페이지에서 논의하였듯이). 예를 들면 필리핀은 국제적 커뮤니티가 그 국가를 어떻게 보는가에 대한 열망을 담고 필립 코틀러가 그곳에서 세미나를 열도록 고려하기 시작했다. 뉴질랜드의 영향력 있는 언리미티드 잡지는 뉴질랜드의 "국가 브랜드"에 영향을 끼치는 경우도 있다.

미국의 미디어조차 세계 도처의 반미국주의(그리고 반글로벌리제이션)에 대한 시위를 통해 그 나라의 이미지에 의문점을 제기하기 시작하였다. 기업들이 옳게 또는 그르게 그들 원산지의 문화를 알리게 되는 몇몇 방법에 있어서 이것은 많은 브랜드들의 성공이라는 동전의 다른 면도 보게 되는 것이다.

대부분의 국가들은 다른 품질의 주인들과 함께 진보적으로, 환경적으로 지각이 있는, 비즈니스하기에 좋은 장소로 보이길 원한다. 만약 그들의 이미지에 대한 정밀한 조사가 이루어지지 않는다면, 어떠한 국가 브랜딩 프로그램도 성공할 수 없다.

그들 캠페인에 있어서 다양성의 결합을 강조함으로써 베네통은 사업의 글로벌적 특성을 강조해오고 있다.

BNT

브랜드 재생

브랜드가 가치를 잃기 시작할 때 경제적 상황을 비난하기 쉽다. 그러나 보통 더 근본적으로 고려해야 할 사항이 있다. 때때로 브랜드들은 단순히 소비자들과 관계가 끊긴다(특히 만약 그들이 오랜 기간 동안 시장을 지배해왔다면). 또 다른 경우는 기술이 그들 카테고리를 쓸모없게 함으로써 몇몇 브랜드들이 제거되고 있는 경우와 같이 그 자신들의 카테고리가 문제가 될 수 있다.

많은 기업들은 그들 자신의 성공의 희생자이다. 만약 어떤 기업, 성공적인 수많은 제품을 생산해낸 기업이 그들 중의 단 하나와 함께 동의어가 된다면, 그 브랜드는 단 하나만을 위해 존재하는 것처럼 많은 사람들의 인식에 잠기게 된다.

만약 그 브랜드가 단 하나의 아이디어를 상징한다면, 예를 들면 '안전' (예를 들면 춤의 경우에서와 같이), 그 기업은 단지 계속해서 혁신하고 전체를 포괄하는 그 아이디어에 적합한 새로운 상품을 계발할 수 있다. 그러나 만약 그 브랜드가 성공적으로 단 하나의 상품 또는 상품 카테고리를 대표하는 것으로 포지셔닝 해왔다면, 그 기업은 그 카테고리가 기술의 행진에 의해 위협을 받을 카테고리인지에 관한 문제에 직면할 수 있다.

예를 들면, 폴라로이드(즉석 사진과 같은 뜻으로 쓰일 때까지 그들 자신을 만들어온)와 코닥(필름 사진과 동일했던)과 같은 성공적인 브랜드는 디지털 사진으로 인해 쇠퇴를 상징하는 카테고리로 보이고 있다.

브랜드들은 고객과 그리고 대중문화에서 존재하는 브랜드가 있는 곳과 함께 공감하는 것을 놓칠 수 있다. 빠르게 움직이는 어떤 것은 항상 그것이 결코 전에 하지 않았던 방법으로 조각나고 변화한다.

단순한 종족의 젊은 문화는 한때 점차적으로 복합적인 음악에 모여들었다. 그들은 젊음의 경계를 넘어 나이트클럽과 음악 이벤트에 계속 가는 20대 후반과 30대에 있는 사람들과 같은 성인들의 세계로 깊게 확산되고 있다. 그동안에 젊은이의 시장은 그 자체가 게임과 기술에 좀더 사로잡히고 있다.

우리 모두가 알고 있듯이, 패션은 빠르게 변화한다. 그리

1

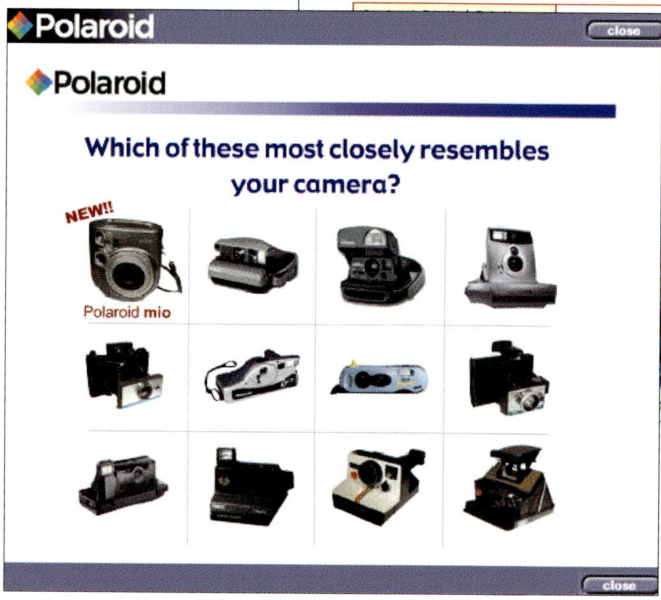

2

1 | 2
몇몇 브랜드들은 다른 지역에서 성공적으로 다양화되었을지라도 인지된 연관성의 부족 때문에 약화되고 있다. 예를 들면, 폴라로이드는 비싸지 않은 디지털 카메라와 PC에 의해 손상되고 있는 카테고리인 즉석 사진으로 강하게 규정 되었다.

3

4

3 | 4
영국의 잡지 FHM(이전에는 FOR HIM MAGAZINE)는 다양하고 혼잡한 시장에서 매우 명확한 시장 포지션을 만들어왔다. 그것은 시간 테스트를 견디어 왔고 지금 맨 앞에 서 있다.

고 우리는 빠른 트랙 위에 있다. 뒤쳐져서 따라가지 못하는 브랜드는 빨리 잃게 된다. 그들은 우선 적합하지 않게 된다. 그다음에는 보이지 않게 되고 그리고 그들은 사라진다.

이것은 확실히 잡지 출판에 있어서도 마찬가지이다. 잡지 출판업은 전통적으로 새로운 독자 집단을 규정하는 데 빠르게 움직이며, 그들을 위해 빠르게 제품을 디자인한다. 그러나 동일한 이유로 잡지는 생명주기가 짧을 수 있다. **마드모아젤**이라는 브랜드는 그들의 독자와 교감을 잃은 쇠퇴한 잡지였다. 오랜 그리고 풍부한 역사에도 불구하고 **마드모아젤**은 그 당시에 일하는 여성과 페미니즘에 너무 뒤떨어져있었다. 타이틀은 문화적으로 어울리지 않았다.

잡지 출판은 매우 리스크가 많은 사업이다. 브랜드가 잘못 생각되거나 또는 회사가 시대정신을 읽을 수 있다고 믿을 때, 단지 그들이 틀렸다는 것을 발견하게 된다. 1980년 후반에 성공적으로 안정적인 라이프스타일을 만든 여성들의 잡지인 영국의 브랜드 칼톤은 많은 자본을 새로운 브랜드 리바를 런칭하는 데 쏟아 부었다. 그것이 실패했을 때(단지 몇 개의 타이틀 발행 후) 그 기업은 붕괴되었다. 그것은 단지 거기에 없었던 것이 아니라, 새로운 인구통계적 특성에 따른 집단이 존재하지 않았다는. 시장의 갭을 보여준다.

차별화의 결핍은 시간을 경과하면서 브랜드를 축소시키는 또 다른 요인이다. 그것은 한때 판매 1위였던 자동차 **올즈모빌**의 경우에서도 일어난 것이다. **뷰익** 또는 **시보레** 대비 **올즈보빌**은 무엇이었는가? 그 경계는 너무 작아서 시간이 지남에 따라 **올즈모빌**은 밀려났다.

이러한 운명을 피하기 위해, 기업들은 계속 그들의 브랜드에 투자해야만 하고 그들 자신을 업데이트 시키고, 활성화시키고 차별화해야 한다. 브랜드가 확고한 위치에 있다고 믿을 때, 그들은 보통 끝에서 떨어진 잘못된 움직임의 하나이다.

그것을 바르게 얻는 많은 브랜드의 사례가 있다. **나이키**는 그들의 고객과의 지속적인 관계를 유지하고 그들 브랜드를 트레이너에서 스포츠 의류와 장비의 카테고리까리 포함하는 영역으로 확산하고 있다. 그들은 너무나 성공적이어서 그들의 제조 과정에 대해 대대로 빈약한 퍼블리시티와의 한판 승부에서도 살아남을 수 있었다. **나이키**는 여전히 그들의 신봉자들에 의해 승인의 신용으로 보인다.

소니와 **캠벨** 스프와 같은 이들 브랜드는 항상 제품 혁신에 투자한다. 푸드 패키지에 관한 **베티 크로커**의 이미지가 수십 년 동안 업데이트 되어왔을지라도 그녀는 항상 최신으로 보인다.

만약 그것의 카테고리가 죽어가고 있다면, 그것은 브랜드를 활성화시키기 위한 투쟁이다. 이것은 종종 브랜드 디자이너가 직면하는 가장 심각한 도전이다.

필름이 필요 없는 디지털 사진으로 전환하는 사람들이 증가함에 따라(사람들이 그들 자신이 컬러 사진을 프린트할 수 있는), 코닥은 필름에 근거한 사업을 리포지션 하도록 강요당함에 따라 그들 스스로 디지털 카메라의 범위를 만들어가기 시작하였다.

2

2
캐딜락도 카테고리 문제에 직면해 있는 브랜드이다. 자동차의 실행 능력과 경제성의 부조화를 가지고 있는 사치의 상징이라는 문제점이 인식되고 있기 때문이다.

3
마쯔다는 브랜드 재활성화의 좋은 예이다. 그것은 그들 고객들에게 가깝게 다가가 있다. 미아타와 같은 세련된 스타일의 스포츠 모델로 그들의 개성을 업데이트 시키고, 그들 내부 문화를 새롭게 생각하여 영향력 있는 결과를 얻어냈다. 그러나 그것은 결코 그들이 하이테크 스타일과 효율성에 관한 그들의 모든 연상과 함께 함으로써 동양에 뿌리를 둔 것에서 멀어진 것에 대한 판단을 놓치지 않았다.

3

공동 브랜딩

공동 브랜딩은 두개 또는 그 이상의 브랜드화 된 제품들(브랜드를 구성하는)이 분리되고 독특한 제품(하나의 혼성 브랜드)을 형성하기 위해 힘을 합치는 것이다. 이것은 새로운 소비자 제품을 도입할 때 유명한 전략이다.

최근 시장의 사례들은 **스니커**(Snicker) 바와 함께 한 **쿠도**의 그라놀라 바의 것을 포함하고 있다, 또한 **에디 바우어** 인테리어와 함께 한 **포드 익스플로러**, **허쉬**의 초코렛 향료과 함께 한 **베티 크로커 브라우니**의 혼합 등이다. **맥도날드**가 디저트 제품의 범위를 만들어내기 위해 미국에서 **오레오**와 영국에서는 캐드버리와 힘을 합치고 있다.

공동 브랜딩 전략에는 많은 다른 유형들이 있다. 조인트 프로모션들은 하나 또는 둘 다의 브랜드에 의한 시도를 나타낸다. 저마다의 시장 포지션을 증진할 것이라는 기업 보증을 보호하기 위함이다(맥도날드와 디즈니처럼).

조인트 광고는 좀더 정확한 테크닉이 필요하다. 바카디와 코카콜라는 일반적이고 대중적인 선택을 반영함으로써 그들 제품의 보완적인 사용을 증진하였다. 좀더 크리에이티브 한 사례들은 영화 미션 임파서블에 등장시킨 **애플**의 파워북 캠페인이다. 좀 더 최근에는 **스티븐 스필버그** 영화 **마이너리티 리포트**와 함께 한 **노키아** 캠페인이 있다.

후자의 예는 영리(현명)하다. 영화는 명백히 커뮤니케이션 테크놀로지의 중요한 부분이다. 그러나 노키아는 여전히 현재의 기술이 커뮤니케이션 혁명을 만들어내고 있으며 초현대적인 것이라는 것을 함축함으로써 명예를 얻고 있다.

물리적 제품 성분은 하나의 브랜드화 된 제품이 다른 것과 빠져나갈 수 없게 연결될 때 실행된다. 소비자 제품 제조업자들은 점차적으로 공동 브랜딩 전략에 관심을 갖고 있다. 좀 더 많은 시장 노출의 기회를 얻고, 브라이비트 수준의 브랜드 위협을 방어하고, 파트너와 함께 높은 프로모션 비용을 공유하는 수단으로서.

공동 브랜드화 된 제품은 성분을 이루는 브랜드 네임 때문이 아닐지라도 소비자에게 새롭다. 그러므로 소비자들은 그 이상의 정보가 없을 때는 공동 브랜드화 된 제품에 대해 판단하기 위한 구성 브랜드 네임을 사용한다.

그러나 공동 브랜딩의 한 가지 위험 요소는 소비자들이 하나의 구성을 이루는 브랜드가 가진 부정적 경험을 다른 파트너에게 전이시킬 가능성이 있다는 것이다. 공동 브랜딩은 소비자가 그들의 불만족으로 나쁜 브랜드라고 비난할 때, 브랜드의 포지셔닝을 결정할 수 있다.

협조적인 마케팅 프로그램의 또 다른 형태는 타이인(tie-ins)이다. 영화, 비디오, 게임, 음악, 그리고 책 출판, 이 모든 것들이 이들로부터 혜택을 얻는다. 해리포터와 스타워즈 영화의 성공은 힘을 합치기 위해 많은 기업들에게 기회를 열어줬고, 원래의 책과 영화 그 이상까지 경험을 확장시켰다. 음료, 과자, 세면용구, 그리고 장난감 제조업자들 모두는 이들 지구를 정복하는 프랜차이즈를 확장하는 것을 돕고 있다.

1
영국의 스낵 회사, 워커스는 2001년에 "위대한 영국의 맛"이라 불리는 포테이토 칩의 특별 한정판을 런칭했다. 이들 범위는 워커스의 칩과 전통적인 영국 브랜드인 브랜스통 피클, 하인즈 케첩과 마마이트를 포함한다.

2 | 3 | 4
카테고리의 다양성에 있는 브랜드들, 셀폰에서 패스트푸드에 이르기까지 고객들 사이에서 로얄티를 증진하고 판매를 끌어올리기 위해 공동 브랜딩을 사용하고 있다.

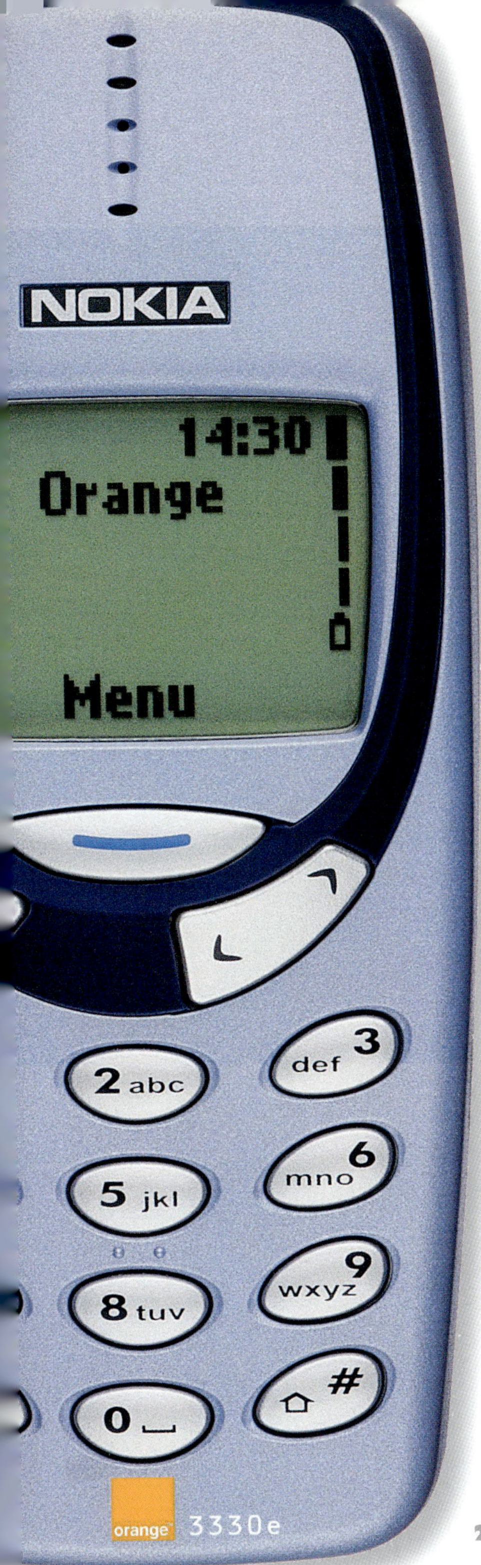

2

3

4

전시회 설계

전시회, 페어, 쇼 그리고 디스플레이 설계는 오늘날 브랜드 존재의 중요한 단면이다. 대개, 사람들은 잠재 고객들에게 브랜드 그들 자신을 보여주는 방법에 의해서 브랜드에 관한 그들의 관점을 형성한다.

제품을 디스플레이 하는 것은 교역이 시작된 이후, 제품을 파는 가장 중요한 수단이 되어왔다. 가장 초기 시장으로부터 오늘날의 비싼 무역박람회에 이르기까지 컨셉은 거의 변하지 않고 있다. 그렇다 할지라도 변한 것이 있다면 그것은 디스플레이의 세련화이다.

브랜드 소유자가 사용하기를 좋아하는 디스플레이의 몇 가지 핵심 유형을 위한 디자인 이슈들을 살펴보자. 4개의 가장 일반적인 디스플레이 유형은 소비자를 위한 전시회, 무역박람회(트레이드 페어), 플레그쉽 스토어(주요 가게) 또는 브랜치(지점) 그리고 인스토어 머천다이징(가게 안에 설치된 효과적인 판매촉진책)이다.

디자이너에게 있어 효과적이고 눈에 띄는 전시회를 만들 때 이해해야 하는 것은 다음과 같다. 스토리, 헤딩(표제), 하이어라키(체계), 라벨(표시) 그리고 캡션, 카피, 프리젠테이션, 프린트(무게와 공간적 배치), 스케일과 거리, 리듬과 일관성, 타입 프로덕션, 주문, 데코레이션 그리고 구성 등이다.

이 모든 것은 브랜드의 가치, 기풍(정신), 비주얼 아이덴티티에 따라야 한다.

2

1

무역박람회는 브랜드를 고객들, 파트너들, 투자자들 그리고 또한 경쟁자들에게 보여주는데 중요한 방법이다. 대부분의 브랜드 소유자들은 누구나 다들처럼 단지 보여주는 외형을 고용하지만, 조심스러운 디자인, 눈에 띄는 이미지, 몇 가지 인센티브, 기획 그리고 실행들을 가지고 있다. 이것들은 브랜드의 가치를 모두에게 전시하기 위한 강력한 매체로 전환될 수 있다.

1 | 2
제품과 서비스를 전시하는 것은 오랜 기간동안 모든 산업이 사용해온 테크닉이었다. 그러나 전시회와 무역박람회의 이면에는 오랜시간 동안 발전해온 세련미와 기술이 있다.

3

4

3 | 4
전시회에 있어서, 그리고 공공 장소에서의 신호와 프리젠테이션은 모든 것을 의미한다. 신호는 공간의 일반적 스타일과 분위기를 유지하면서 효과적으로 그리고 매력적으로 정보를 전달해야 한다. 혁신 또한 중요하다. 이번 겨울 핸드백 컬렉션은 아이스 큐브를 연상시키기 위해 합성수지 안에 놓았다.

바이러스 마케팅

게릴라 마케팅(106페이지 참조)에 관한 논의를 앞에서 하는 동안, 짧게 바이러스 마케팅(Viral Marketing)에 대해 언급했다. 이것은 다른 사람에게 마케팅 메시지를 전달하는 개인을 격려하는 어떠한 전략을 서술하는 것이다. 메시지의 노출과 영향에 있어서 급격한 성장을 위한 잠재성을 만들어내는.

바이러스처럼, 이러한 전략들은 수천 명 또는 수백만 명에 이르기까지 그 메시지를 폭발적으로 증가시키기 위한 급격한 번식의 장점을 가지고 있다. 인터넷을 떠나 바이러스 마케팅은 '입에서 입으로(word-of mouth)' '소문을 만들어내는' '미디어를 사용하는' 그리고 '네트워크 마케팅' 등 다양하게 언급되어왔다. 인터넷상에서 그 효과는 거대할 수 있으며 때때로 컨트롤이 불가능하다.

바이러스 마케팅의 가장 성공적인 두 가지 사례는 **핫메일**과 **야후! 메일**이다. 두 브랜드의 전략은 간단하다.

· 프리 이메일 어드레스와 서비스를 주어라
· 전송되는 모든 프리 메시지의 바닥에 간단한 태그를 붙여라: "너의 프라이비트를 얻어라, ... 에서 이메일을 공짜로"
· 사람들이 친구와 동료들, 그들 소유의 네트워크로 이메일을 보낼 때 떨어진 곳에 있어라.
· 수천 명의 사람들이 수천 명 그 이상과 접속할 때 복제하고 눈덩이처럼 불어나는 과정을 보아라.

몇몇 바이러스 마케팅 전략은 다른 것들보다 더 낫다 그리고 단순한 이메일 전략만큼 거의 작용하지 않는 것도 있다. 다음은 바이러스 마케팅 전략에 있어서 고려해야 하는 6가지 기본 요소이다. 바이러스 마케팅 전략은 이들 모든 요소들을 포함할 필요는 없다. 그러나 그들 이상이 그것을 받아들인다, 더 강력한 결과들이 아마도 있을 것이다.

효과적인 바이러스 마케팅 전략:

· 제품 또는 서비스를 주어라
· 다른 사람들에게 노력 없는 전이를 제공하라
· 작은 것에서 매우 큰 것에 이르기까지 쉽게 기어오르라
· 일반적 동기부여와 행위들을 활용하라
· 존재하는 커뮤니케이션 네트워크를 이용하라
· 다른 이들의 자원을 활용하라

'공짜'는 마케터의 단어에 있어서 가장 강력한 단어이다. 대부분의 바이러스 마케팅 전략들은 가치 있는 또는 매력적인 제품, 서비스 또는 관심을 끌기 위한 내용들을 준다. 프리 이메일, 프리 인포메이션, 프리 버튼, 프리 소프트웨어 프로그램, 이것들은 강력한 기능들을 수행할 수 있는 모든 좋은 사례들이다(그러나 이것은 당신이 풀 버전을 사기를 독려하는 것이다).

마케팅 메시지를 운반하는 매체는 전달하고 복제하기 쉬워야만 한다. 바이러스 마케팅은 인터넷상에서 보다 잘 작용한다. 즉각적 커뮤니케이션이 간단하고 비싸지 않게 둘 다

될 수 있기 때문이다. 또한 인터넷 사용자들은 새로운 것들을 발견하고 그것들을 그들 친구들에게 보내기를 좋아한다. 그래서 만약 바이러스 캠페인이 사람들의 목구멍을 강제적으로 내려하게 하는 것보다 오히려 '발견되어지는' 인상을 줄 수 있다면, 그것은 성공의 가장 위대한 기회로 남는다.

디지털 포맷은 복제를 단순하게 만든다. 마케팅 관점에서 하락하지 않고 쉽게 전달될 수 있게 하기 위해 메시지를 단순화해야 한다.

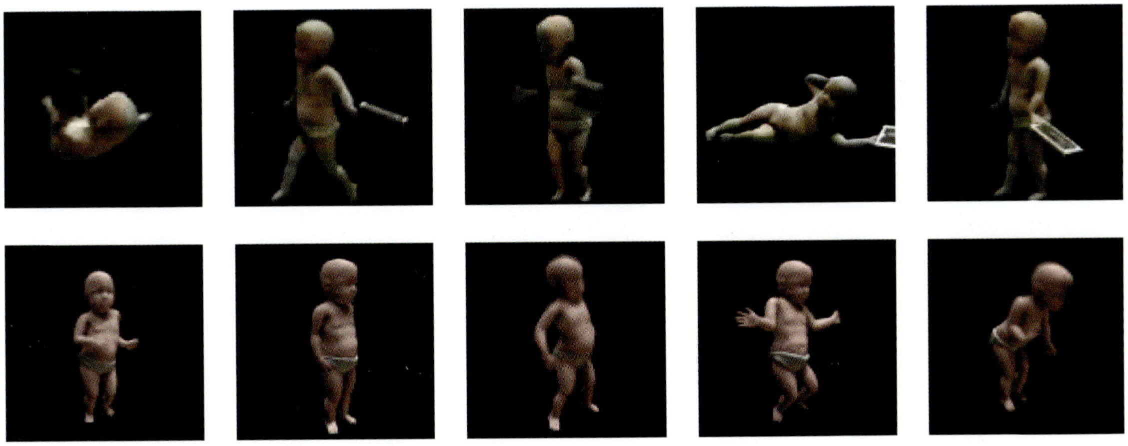

1
춤추는 아기(댄싱 베이비)는 바이러스 마케팅 가장 초기의 사례 중의 하나이다. 실제로 어떠한 특정 제품을 광고하는데 이용되지 않았을지라도, 수백 수천 명의 사람들은 그것이 유용하게 되는 수주일 내에 그들 컴퓨터에서 보기 위해 애니메이션을 다운로드 했다.

2

2
이 30초 필름은 영국의 마케팅 회사, 바이럴 공장에 의한 웹 사용을 위해 만들어 졌고 최대한 활용되었다. 그들은 사람들이 서로에게 이메일로 보낼 재미있는 필름을 만듦으로써 특별화 하였다. 여기에 화면은 포드 자동타의 새로운 브랜드를 위해 만들어졌다.

3
야후!는 그들의 이메일 서비스를 런칭하기 위해 바이러스 마케팅의 컨셉을 사용한 첫 세대 중 하나였다.

3

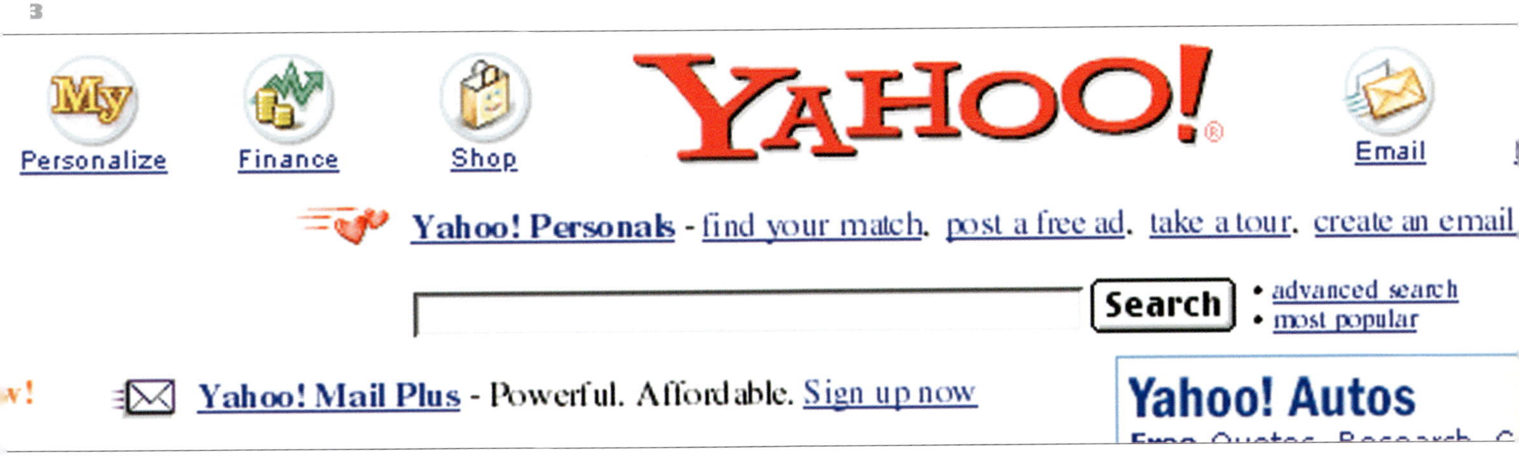

브랜딩 프로세스

대부분 기업의 브랜딩 활동들은 외부 에이전시에 의해 수행되고 있다. 그러나 인 하우스 매니저에 의해 조정 관리된다. 에이전시의 책임감은 브랜드에서 브랜드로 바뀔 것이다. 그러나 일반적으로 그들은 브랜드가 어떻게 수행하고 있는지를 모니터 할 것이며, 브랜드 전략을 충족시키고, 브랜드가 다양한 매체 또는 채널들을 통해 표현되는지를 보증할 것이다. 이러한 그림은 브랜드 창조에 관여된 핵심 인물들의 몇몇에게 보여준다.

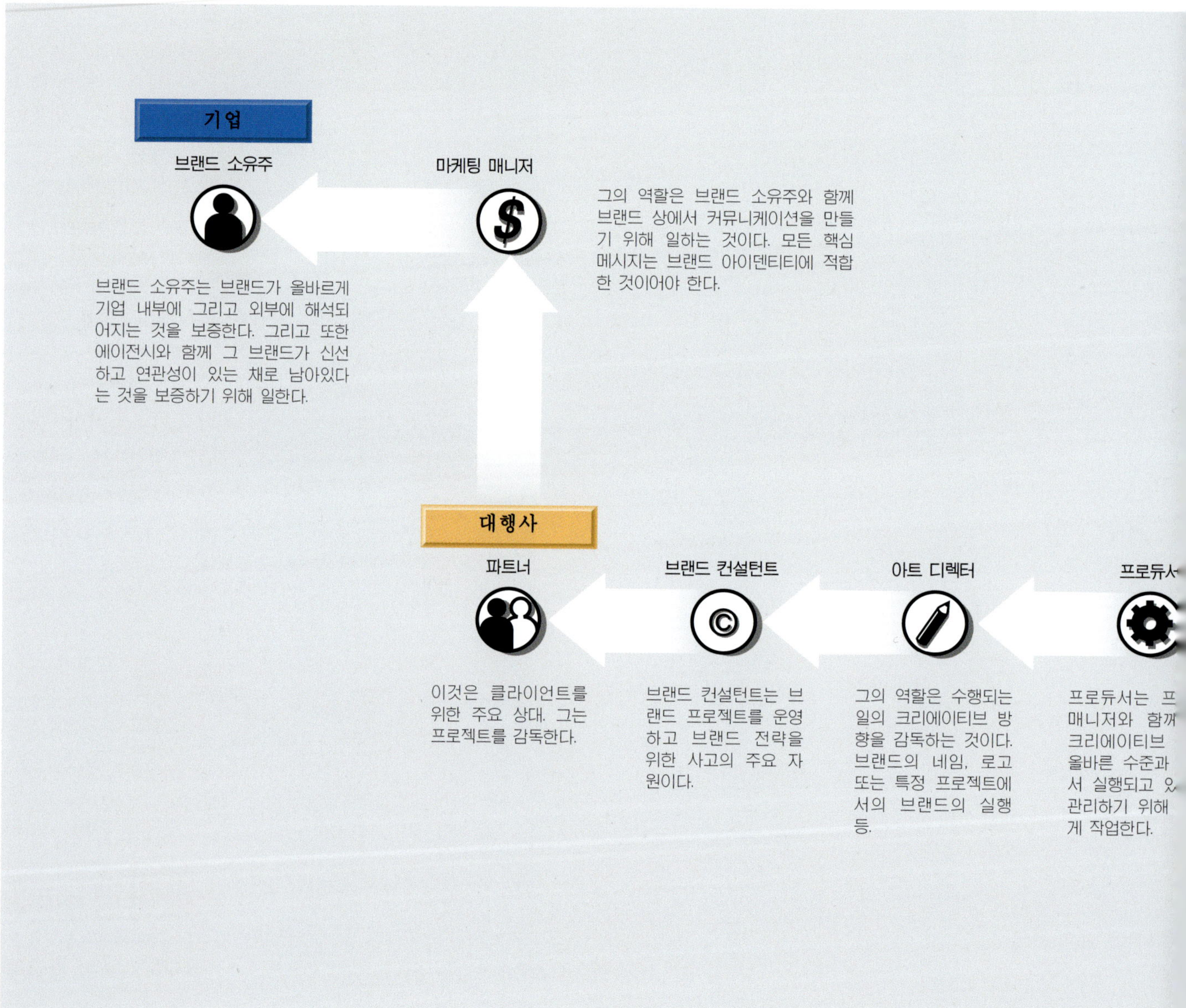

유저 스페셜리스트 (사용자 전문가)

역할은 웹, 인쇄, TV, 또는 라디오와 같은 다양한 채널 상에서 브랜드 니즈와 사용자 경험으로 어떻게 전환되는가를 정의 하는 것이다.

카피라이터

카피라이터는 브랜드를 내보낼 모든 단어의 톤과 스타일 등 언어를 만들고 구성한다.

디자이너

디자이너는 전략가가 만들어 놓은 적합한 이미지와 무드 보드의 작업의 비주얼 표현을 만들어낸다.

인포메이션 디자이너

인포메이션 디자인 전문가는 청구서, 인보이스, 진술문 기타 등등을 만든다. 그것은 고객들이 이해하기 쉬어야 하며 유용한 브랜드 정보, 확장 그리고 마케팅 기회를 제공한다.

프로젝트 매니저

제 시간과 예산에 맞춰 작업이 진행되고 있는지를 관리하고 모든 스케줄과 브랜드에 관여된 사람들이 적합하게 관리되고 있는지를 감독한다.

❶ 적당한 비즈니스 아이디어와 계획
❷ 브랜드 네이밍 전략과 네임
❸ 로고 전략과 비주얼 표현
❹ 비주얼 아이덴티티 기준과 가이드라인
❺ 디자인 프로그램
❻ 디자인 적용

이 그림과 열쇠는 브랜드 창조 기간 동안에 행해지는 기본적인 절차를 보여준다. 제품이 녹색 빛으로 빛나고(1) 그 다음 단계는 제품 또는 서비스에 적합한 이름에 도달하는 것이다(2) 적합한 네임과 함께 비주얼 표현은 개발되고(3) 이것에 따라 사용 가이드라인이 개발된다(4) 브랜드 노출과 배치 전략이 마무리된다(5,6).

브랜딩 히스토리

쉘 문을 열다

쉘은 가리비 모양의 로고(Pecten 또는 scallop)를 100년 넘게 심벌로 사용해오고 있다. 로고의 특징적 레드와 옐로 컬러는 단지 기업의 비즈니스 목표만을 정의 하는 것이 아니라 쉘의 품질과 신뢰의 가치를 말하고 있다.

그것은 이들 페이지에서 보여주듯이, 기업의 로고는 지난 100년을 거쳐 아주 많이 진화해오고 있다. 쉘이 유지하고 있을지라도 그것의 개념은 일관되게 유지되고 있다.

쉘은 동일한 로고, 컬러 그리고 그것의 마케팅과 광고의 모든 것을 둘러싼 브랜드를 사용한다. 이러한 하나의 브랜드 철학은 연합된 전선을 촉진하는 것을 도울 뿐만 아니라, 환경적으로 그리고 사회적으로 책임감 있는 조직이라는 기업의 비전에 근거하고 있다. 브랜드의 역사에서 살펴보았듯이, 발전 과정과 기업의 사고방식에 있어서의 움직임, 그리고 어떻게 그것이 브랜드 디자인에 나타나고 있는가도 볼 수 있다.

쉘 엠블렘의 정확한 형태는 수년을 거쳐 그래픽 디자인 체의 트렌드와 함께 점차적으로 변화해오고 있다. 현재의 버전은 레이몬드 오레위에 의해 만들어졌고 1971년에 도입되었다. 그것 위의 30년은 세상의 가장 인정받는 심벌 중의 하나로서 시대의 테스트를 이겨내고 있다. 스칼롭 쉘 그 자체처럼, 컬러 또한 수년을 통해 조정되고 있다. 가장 현저한 발전은 1995년에 이루어졌다. 밝고 신선하고 그리고 좀더 소비자와 친숙한 '쉘 레드' 와 '쉘 옐로' 는 쉘의 새로운 유통 비주얼 아이덴티티를 런칭 하기 위해 도입되었다.

1930

1948

브랜드 히스토리

1891
마르커스 사무엘과 회사가 극동 지역으로 석유를 선적하기 위한 트레이트 마크로서 쉘이라는 이름을 처음으로 사용하였다. 이것은 런던을 근거지로 한 비즈니스가 고대와 동양의 바다조개와 관계된 것으로 사용되었으며, 판매상 엄청난 수익을 거두었다.

1897
쉘이라는 이름이 기업 수준으로 승격되었다. 사무엘은 쉘 운송회사와 무역회사를 설립하였다.

1901
첫 번째 로고(1901)는 홍합 조개였으나, 1904년 스칼롭 조개가 기업과 브랜드 네임의 비주얼 표시로 소개되었다.

1904
쉘이라는 이름과 스칼롭 심벌, 둘 다 사무엘과 기업의 다른 이해관계자들에 의해 제안되었다. 그라함은 사무엘의 석유를 인도로 수입했고 그것을 그라함의 오일로 판매했으며, 쉘 운송과 무역회사의 디렉터가 되었다.
쉘 엠블렘이 그의 가문의 문장으로부터 만들어졌다는 몇 가지 증거가 있다. 그들 조상이 북 스페인에서 산티에고 드 컴포스텔라로 순례 여행을 한 이후에 세인트 제임스가가 제시한 쉘은 그라함 가에 의해 채택되었다. 원래의 디자인은 펙텐 또는 스칼롭 쉘의 꽤 정확한 재생산이었다.

1907
로얄 더치 석유 회사는 쉘 운송과 무역회사를 합병하고 새로운 로얄 더치/쉘 그룹을 위한 이름(쉘)과 스칼롭 엠블렘의 축약된 형태가 필요하였다.

1915
캘리포니아의 쉘 회사이며, 첫 번째로 만들어진 서비스 스테이션인 US 오퍼레이션은 다른 회사들과 경쟁하기 위해 밝은 컬러(특히 캘리포니아 사람들에게 적합한 컬러)를 선택하여야 했다. 그러나 강력한 스페인과의 연결 때문에 스페인의 레드와 옐로를 선택하였다. 사무엘과 회사가 빨간색의 양철깡통으로 첫 번째 석유를 선적하였을지라도.

쉘 로고의 변화된 모습

애플 다르게 생각하기

애플의 역사는 새로운 테크놀로지 회사가 결정적으로 롤러코스터에 탑승한 것에 비유된다. 1960년대 스티브 잡스의 침대에서 회사가 출발한 이래 높고 낮음이 많이 있었다. 그러나 애플 역사의 근본은 그것의 제품 라인의 모든 단면에 디자인 혁신이 있었다는 것이다. 1980년대의 놀라운 성과부터 1990년대 중반의 어두운 시절을 통과하여 그 10년의 말에 르네상스를 이루었다.

일반적으로 테크놀로지 회사에 있어서, 애플은 하드코어인 전문적인 팬을 지닌 기능적인 것뿐만 아니라, 열망적인 라이프스타일 브랜드이다. 애플 컴퓨터는 수많은 새로운 제품을 개발했을 뿐만 아니라, 품질에 대한 평판과 디자이너와 미디어 분야 사람들 사이에서도 신뢰를 가지고 있다. 보다 많은 사람들의 정서로까지 뻗어나가고 있는 튼튼한 뿌리를 가지고 있다.

3

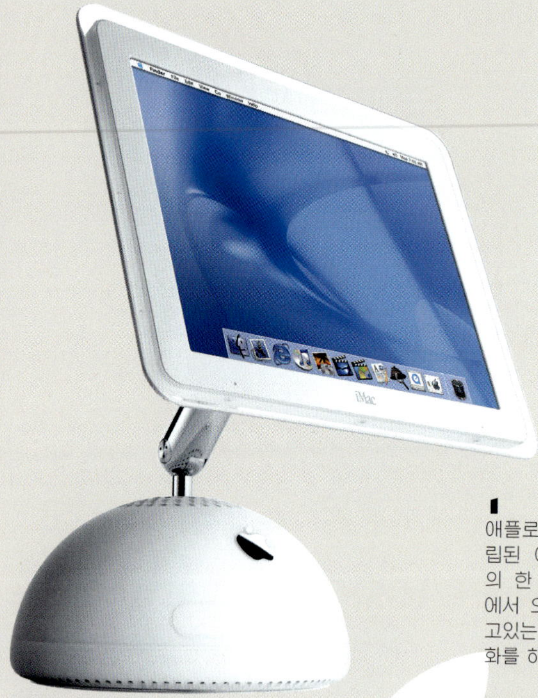

2

1

애플로고는 개념이 정립된 이후, 무지개컬러의 한 입 베어문 사과에서 오늘날 우리가 알고있는 단일 컬러로 진화를 해왔다.

브랜드 히스토리

1976
스티브 워즈니악은 애플1을 디자인했다. 애플이라는 이름에 대한 잡스의 영감은 1960년대 비틀즈의 애플 콥스(군단) 레코드 라벨에서 발상한 것이다. 실리콘 밸리의 많은 군중들처럼, 두 명의 스티브는 1960년대에는 어린애였으나, 잡스와 워즈니악은 새로운 회사를 위한 이름에 매달렸고, 애플을 결정했다. 그 나머지는 애플의 역사이다.

1981
워즈니악은 회사를 떠났고 3월에 잡스는 애플 컴퓨터의 회장으로 취임했다. 이때에 IBM은 최초의 퍼스널 컴퓨터(PC)를 출시했다.

1983
존 스컬리(나중에 펩시콜라의 사장이 된)가 회사 성장을 위해 고용되었으며, 그는 마케팅에 집중하였다.

1984
애플 매킨토시를 출시(애플 맥)하였다. 그래픽 사용자 인터페이스(GUI)를 지닌 기계를 디자인하였다. 오퍼레이팅 시스템이 즉각적으로 히트를 쳤을지라도 그 '윈도우' 스타일 기능성의 아이디어는 전적으로 오리지널이 아니다. 그것의 PARC 설비에서 제록스가 수행한 연구에서 창안된 개념을 강조한 것이다. 물론 마이크로소프트 역시 윈도우와 유사한 아이디어를 개발하였다.
애플은 그의 아이콘이 된, '1984' TV 광고 캠페인과 함께 맥을 주연으로 소개했다. 이것은 커다란 기업 컴퓨팅의 횡포를 깨부수는 것을 원했던 것을 제안하고 있다.

1985
잡스는 스컬리를 빼앗으려고 시도했으나, 실패했다. 잡스는 같은 날 사임했다. 애플 컴퓨터의 헤드로서 스컬리를 떠나는 날이었다.

1

4

5

2 | 3 | 4 | 5
애플은 대부분의 기업들이 단지 생각에만 멈춰있는 것을 실행해왔다. 그것은 급진적으로 새로운 제품을 개발하기 위해 독창적으로 생각하는 비지니스의 영역에 있다.

1991
애플은 구매자 시장에 앞서 파워북스의 첫 세대를 소개했다. 작업은 개인 디지털 어시스턴트(PDA)를 착수한 것이다. 애플은 그것을 뉴튼이라 불렀다. 그때에 그 아이디어가 다시 인기를 얻지 못했을지라도 그것은 여전히 피씨(PC)에 익숙해져가는 시장의 먼 미래였다(아 가엽도다, 애플의 헤드에 뉴튼이 떨어졌다). 애플의 불행은 산으로 오르고 있었다. 다른 메이커에 오퍼레이팅 시스템을 라이센싱 하는데 실패했다. 그 시장을 돌격하기를 마이크로소프트에게 허락하였고 애플 기계는 마이너리티 시장으로 격하되기 시작했다.

1997
스티브 잡스는 애플의 쇠퇴를 역전시키기 위해 일시적 CEO로 돌아왔다. 그는 유일한 해결책으로서 브랜드를 그들의 혁신적인, 디자인이 이끄는 기원에 다시 초점을 맞추었다. 그는 맥스(Macs)의 새로운 범주를 위해 공격적인 광고 캠페인을 내놓았다. 그는 또한 마이크로소프트와의 동맹을 강화하였다(맥 버전에 맞는 소프트웨어 패키지를 계속해서 만드는). 오피스 98은 그해 말 즘에 맥에서 이용할 수 있게 되었다.

1998
애플 스토어는 전적으로 새로운 맥 디자인인 것으로서(iMac) 런칭되었다. 이것은 빠르게 디자인 클래식이 되었고, 단 하나의 눈을 사로잡는 컬러풀한 유니트로 키보드를 모든 바가 통합하게 되었다. 메시지는 명확하였다. 회색의 고리타분한 PC는 다시 한번의 불행을 날려버리는 결과였다.

1999
애플은 동일한 원칙에 근거한 iBook 랩탑을 소개했다. 그것은 아이맥을 그해 초기에 매우 유명하게 만들었다.

2001
애플은 CD-RW 드라이브를 지닌, 그리고 두 개의 새로운 어플리케이션의 파워맥 새로운 라인을 소개했다. iDVD, DVD-authoring 프로그램,그리고 iTunes, 이것은 사용자들이 코드화 할 수 있고 MP3s를 들을 수 있게 한다. 애플은 이렇게 기능성을 그들의 최초의 논컴퓨터 제품을 몇 년 동안에 내놓음으로써 확장해갔다.

2002
애플은 급진적으로 아이맥을 재디자인했다. 그것이 거의 컴퓨터와 유사하도록 그리고 이와 동등하게 급진적으로 새로운 오퍼레이팅 시스템 OS X를 소개했다.

버진 버진으로 통하는 모든 것

우리 시대에 가장 친숙한 브랜드 중의 하나는 버진으로 계속된다. 리처드 브랜슨의 위대한 기술은 브랜드 빌더와 브랜드 퍼블리시스트로서 능력에 있다. 그는 버진 브랜드를 사람들이 어떠한 단일 브랜드가 도달할 수 있다고 믿지 못했던 경계로까지 뻗어나갔다.

버진은 줄곧 확장되고 있는 비즈니스 집단을 함께 잡는 접착제이다. 1968년으로 거슬러 올라가 보그지에서의 인터뷰에서 브랜슨은 말했다 "나는 다른 사람들을 위해 다른 것들의 모든 종류를 할 수 있는 회사를 만들기를 원한다. 그것은 우리가 무엇을 하고 있는지와는 관계가 없다. 그것은 우리가 그 문제로 가고 있는 것을 할 방법이다" 그는 정확히 그렇게 하는 브랜드를 만들어냈다.

1980년대 중반부터 그 기원을 이루는 레코드 회사가 정말로 이익을 낼 수 있게 되었을 때, 버진은 많은 비즈니스로 확장하였다. 브랜드 가치의 일관성을 유지하면서, 그들이 조작하는 시장에 가장 적합한 방법으로 그것들을 적용하면서.

오늘날 버진은 복합적 오너쉽 아래, 3만 명의 종업원을 거느린 200개 이상의 회사를 구성하고 있다.

버진은 각각의 새로운 벤처가 메인 브랜드의 정신을 공유하는 것으로 들어 가능한 것을 보증한다. 돈, 혁신, 품질, 재미 그리고 예외적 서비스의 가치. 브랜슨의 개성은 그 약속을 전달하는 중요한 요소이다.

첫 번째 버진 아틀란틱 에어웨이 비행기가 이륙했을 때, 브랜슨은 1차 세계대전 당시의 비행 헬멧을 쓰고 조종석에 나타났다. 버진 브라이드의 런칭을 위해서는 그는 웨딩드레스를 입고 도착했다. 2002년에 버진 모바일의 미국 런칭에서 그는 자이언트 모바일 폰 위에 경호원 복장을 하고 앉아있었다.

모든 상황은 브랜슨에 의해 이끌어졌으며, 버진 브랜드는 소비자들을 흥분시키고 놀라게 하기 위한 수단이었다. 좀더 중요하게 그들은 신문의 컬럼란을 장식했다.

브랜드 히스토리

1968
리처드 브랜슨은 학생 잡지로 그의 첫 사업을 시작했다.

1970
첫 번째 버진 사업이 런칭되었다(작은 규모의 우편 주문 레코드 소매상).

1972
버진 레코드는 브랜슨과 그의 사촌 시몬 드레이퍼에 의해 1972년에 시작되었다. 19살 마이크 올드필즈의 데뷔 발매가 기대하지 않았던 성공을 거두었고, '튜불라 벨스'는 브랜슨의 야망을 뒤에서 밀어주었다. 그 때에 버진 레코드 로고는 1970년대의 이미지에 매우 잘 맞았다(두명의 벌거벗은 여인이 서로 뒤엉켜있는).

1981
친숙한 버진의 타이포그래피와 로고가 소개되었다.

1983
영화와 비디오 배급이 버진 비전과 버진 게임으로 시작되었다.

1984
버진 홀리데이에 뒤이어 버진 아틀란틱이 런칭되었다.

1991
버진 출판과 함께 버진 메가스토어가 출발하였다.

1992
브랜슨은 버진 레코드를 EMI에 팔았다.

1996
버진은 유로 벨지안 에어라인을 흡수했고 그것은 버진 익스프레스로 이름을 다시 붙였다. V2 뮤직 라벨과 음악 출판 사업을 시작했다(Virgin.net). 버진 브라이드 또한 런칭되었고 버진은 영국에서 전역을 가로지르는 승객 철도 프랜차이즈를 얻었다.

2

3

5

6

1997
코스메틱 영역인 버진 비에가 등장하였다.

1999
버진 모바일이 런칭되었다.

2000
V.Shop이 런칭되었다.

2002
버진 액티브(휘트니스 센터)가 런칭되었다.

1 | 2 | 3 | 4 | 5 | 6
기차, 비행기 그리고 레코드에서 소프트 드링크, 웨딩 그리고 셀폰에 이르기까지 버진의 전혀 공통점이 없는 집단이 동일한 기업의 정신에 의해 함께 수용되고 있다. 가격, 품질, 재미, 그리고 물론 독특한 로고.

virgin.com

아디다스 가장 쿨한 킥

아디다스가 약 50년 전에 시장에 들어갔을 때, 아디다스의 초점은 축구와 육상을 위한 특별히 전문적인 신발을 생산하는데 있었다. 전문 육상선수를 위한 선택으로서 브랜드를 설립한다는 것은 결국 그들을 스포츠웨어 브랜드의 주류가 되도록 이끌었다.

1980년대에 랩과 힙합 밴드 런 DMC는 그들이 가장 좋아하는 쉘-토를 찬양하는 랩 '마이 아디다스'와 함께 아디다스의 거리 평판을 강화하였다. 그러나 90년대 초반까지, 나이키와 리복은 그들의 홈 그라운드인 독일에서조차 아디다스를 이기고 있었다.

아디다스의 다음 세대는 아디다스가 스포츠로부터 유래되었다는 회사의 핵심가치로 다시 되돌아갔다. 진정(성실, 확실), 영감과 헌신. 그러나 지금 군중으로 가득 찬 시장에서의 성공하기 위한 진정한 열쇠는 아디다스가 세계 수준의 선수들과 함께 발달했다는 고려할만한 보증 거래에 놓여 있다. 최근의 스포츠는 유명인 내기에서 아디다스 점수가 높게 나타나는 특징이 있다. 영국의 축구 슈퍼스타 데이비드 베캄과 아디다스의 관계는 영국에서 아디다스 프로필에 거대한 영향을 가지고 있다.

미국에서 고브 브라이언트는 또 다른 아디다스의 모델이다. LA 레이커이면서 가장 어린 NBA 올 스타 선수는 매우 유

브랜드 히스토리

1927
아디와 루디 다슬러 형제는 그들의 첫 번째 신발 공장을 25명의 사람과 시작했다. 3년 후 아디 다슬러는 그 공장을 샀다.

1928
다슬러 슈즈는 최초로 올림픽 게임에서 신겨졌다.

1931
다슬러 테니스 슈즈가 런칭되었다.

1936
제시 오웬은 다슬러 슈즈를 신고 4개의 금메달을 얻었다.

1938
아디는 헤르조게나우라취에서 그의 두 번째 생산 설비를 샀다.

1948
아디와 루디는 분리되었다. 아디는 아디다스를 만들었고, 루디는 푸마를 만들었다. 아디다스는 그 유명한 세 개의 선 디자인을 등록했다.

1952
아디다스는 헬싱키 올림픽에서 신는 가장 유명한 신발이었다. 에밀 자토펙은 아디다스 신발을 신고 세 개의 메달을 획득했다.

1954
서독은 비틀어진 징이 있는 혁신적인 아디다스 신발을 신고 축구 월드컵 경기에서 우승했다.

1960
아디다스는 로마 올림픽 경기에서 지배적인 브랜드였다. 선수의 75%가 아디다스 신발을 신었다.

1962
아디다스는 공과 옷을 포함한 스포츠 악세사리 범위를 런칭했다.

1972
트리포일 로로가 소개되었다. 세 개의 잎은 올림픽 정신을 상징하였다. 아디다스는 뮌헨 올림픽의 공식 공급업체가 되었다.

1974
아디다스 신발을 신은 대부분의 선수들로 구성된 서독팀은 월드컵에서 다시 승리하였다.

adidas®

2

3

1 | 2 | 3 | 4
아디다스는 패션 사업으로부터 그들 자신이 멀어짐으로써 원래의 스포츠웨어의 핵심 가치로 돌아감으로써 의미 있는 시장점유율을 다시 얻게 되었다. 그것은 프랑스 축구 스타 패트릭 비에라와 같은 유명인의 보증에 의해 도움을 받았다.

5
1936년 베를린 올림픽에서 제시 오웬이 신고 달렸던 신발.

명한 선수이다. 이것은 직접적으로 판매로 옮겨진다. 동등하게 필적하는 것은 러시아 태생의, 미국에서 자란 테니스 스타 안나 코르니코바이다.

재발견이 열쇠였다. 아디다스의 웹 사이트에서 '시장과 산업, 우리가 경쟁하는 시장은 급진적으로 변화하고 있으며, 진화에 발맞춰 또는 혁명에 발맞춰, 어떻게 스포츠가 정의되는가' 에 대해 정의하고 있다. 축구, 농구와 같은 팀 스포츠는 항상 스포츠 경쟁의 근본적인 일부가 될 것이다. 그러나 오늘날 절충적인, 개인적인, 룰이 없는 스포츠, 예를 들면 스노우보딩, 인라인 스케이팅 그리고 서핑은 의미 있는 카테고리로 성장하고 있다.

1978
아디 다슬러는 죽었다. 그의 아내 캐시 다슬러가 그 비즈니스를 계속 운영하였다.

1984
캐시가 죽었다. 그 비즈니스를 그녀의 아들 호스트 다슬러에게 넘겨주었다.

1987
아디다스와 계약을 한 스테피 그라프는 윔블던에서 승리하였다. 호스트 다슬러는 51세의 젊은 나이에 죽었다. 회사는 어려운 시기를 맞이하였다.

1990
아디다스는 주식회사가 되었고 버나드 타피에는 80%의 주식을 샀다.

1995
아디다스는 주식을 공개했다.

1996
아디다스는 캠페인으로 재활성화하였. '우리는 그때를 알고 있다, 우리는 지금을 안다' 새로운 로고가 런칭되었다.

1997
아디다스는 데이비드 베캄, 안나 코르니코바와 그 밖의 다른 선수들로부터 보증을 얻은 것과 함께 그의 얼굴을 현대화시켰다.

2001
허버트 하이너가 CEO가 되었다.

4

아메리칸 익스프레스 여행자 체크에서 블루 카드로

아메리칸 익스프레스는 지역 화물 급행 운송 사업으로 1850년에 시작하였다. 1882년에 회사는 드라마틱한 전략적 이동이 시작되는 초기 단계에 있었다. 점차적으로 유명해진 우편 화폐 주문 덕택에, 아메리칸 익스프레스는 현금 선적 서비스의 수요가 쇠퇴하는 국면을 맞이하였다. 그 반응에 있어서, 아메리칸 익스프레스는 그들 자신의 화폐 주문을 만들었다. 익스프레스 머니 오더(급행 화폐 주문)는 기대하지 않은 성공을 거두었다.

1892에서 10년 후에, 아메리칸 익스프레스 사장은 유럽으로 휴가를 갔었다. 그리고 거기서 그의 신용을 대신하는 사인만으로 현금을 바꾸는 게 어렵다는 것을 알았다. 이것은 아메리칸 익스프레스 여행자 수표를 만드는 아이디어의 시초가 되었다. 기업의 새로운 비즈니스 영역이 금융 서비스로 들어가기 위한 완벽한 런칭 패드가 되었다.

그 다음의 논리적 단계는 아메리칸 익스프레스가 여행 서비스에 돌입하는 것이었다. 이들 모든 작은 단계들은 화물 급행 비즈니스라는 기업의 설립 개념으로부터 거대한 도약을 이루어냈다.

잘 알려져 있듯이, 이제 아멕스는 세계 거의 모든 지역에서 제품과 서비스를 제공하는 정말로 글로벌 브랜드이다. 고전적 그린의 아멕스 카드는 1958년에 런칭되었다. 그리고 수십 년에 걸쳐 카드는 그들 소비자들의 변화하는 라이프스타일과 열망을 반영하기 위해 진화하였다.

그러나 좀더 빠르게 움직이는 기술적 변화와 함께, 아메리칸 익스프레스의 핵심 제품들은 새로운 사이버 세대의 소비자들과는 연관성이 떨어진다는 것을 증명하고 있다. 회사는 25-40세의 소비자를 끌어들이는 것이 필요하다는 것을 깨달았다. 그 시장은 정통적인 그린 카드만으로 전체를 커버 할 수 없는 시장이다. 만약 어떤 신용카드 회사가 그들의 로얄티가 없다면, 낮은 이율을 제공함으로서 새로운 고객들을 끌어들일 수 있다. 그러나 다른 관점에서 아메리칸 익스프레스는 그런 회사와 경쟁하기 보다는 오히려 전체의 신용카드 카테고리를 재창출하기로 결정하였다. 그 결과, 기능상 그 틀을 깨는 신용카드인 블루 카드는 리워드 포인트를 제공함으로써, 연간 수수료가 없이, 그리고 안전한 칩(시큐리티 칩)을 제공함으로써 새로운 시대를 열기 시작하였다.

많은 회사들이 브랜드화 된 카드가 브랜드와 고객이 가장 자주 접촉할 수 있다는 사실을 고려하지 않는다. 카드는 지위, 열망, 친밀함, 그리고 개인의 선호를 상징하는 뱃지이다.

브랜드 히스토리

1850
헨리 G. 웰스, 윌리암 G 파르고와 존 버터필드에 의해 설립된 아메리간 익스프레스는 원래 급행 화물운송 회사였다.

1860년대
아메리칸 익스프레스는 연합군 저장소에 중요한 공급품들을 운송했다. 그리고 전쟁에서 군대에게 선거 투표용지를 운반하는 매우 위험스런 업무를 수행했다.

1882
"머니 오더"는 직접 돈을 옮기는 것보다 안전한 선택으로서 만들어졌다.

1886
아메리칸 익스프레스는 미국 이민자들에게 그들 가족에게 돈을 송금하는 것을 허용하는 유럽 전역의 은행과 관계를 형성하였다.

1891
아메리칸 익스프레스는 아메리칸 여행자 수표를 도입했다.

1914-18
아메리칸 익스프레스 사무소는 전쟁기간 동안에 집으로 안전하게 돌아가도록 유럽에 잡혀있는 미국고객들을 도왔다. 전쟁 후에 아메리칸 익스프레스는 그들의 여행 조직을 지구적으로 확산하였다.

1963
아메리칸 익스프레스는 영국에서 그들 첫 그린 결재 카드를 런칭하였다.

1970
아메리칸 익스프레스는 기업 카드를 런칭하였다.

1996
아메리칸 익스프레스는 영국에서 첫 신용카드를 런칭하였다.

1

2

3

4

5

1
현대의 그린 카드 캠페인은 선명한 그린의 가죽 끈 라인을 사용한다. 이것으로 잘 알려진 사진작가 데이비드 스튜워트는 눈에 띄는 비주얼 시리즈를 사용한다.

2 | 3 | 4
어떤 브랜드 카드는 아멕스의 블루카드와 같이 포지셔닝에 있어 변화를 신호로 사용할 수 있다. 그것은 또한 다른 브랜드의 가치를 후원하기 위해 이용될 수 있다.

이케아 스웨덴의 자랑

스웨덴의 가구 회사가 대단한 유통 브랜드라는 것은 의심할 여지가 없다. 그것은 젊고 가격을 의식하는 39개국의 주부들과 함께 유대를 만들고 있다. 이들 사람들에게 이케아는 평평한 팩에 담겨있는 조립품으로 합리적인 가격에 우아한 디자인을 나타낸다. 그들의 상점을 메우는 로얄 고객들에게 이케아는 스타일이 있는 자기 조립을 의미한다.

스웨덴의 시골 지역인 스말랜드에서 보잘것없는 시작으로부터 떠오른 이케아는 작은 우편 주문의 사업에서 150개 이상의 상점과 39,000명의 종업원을 가진 수십억 달러의 가구 자이언트로 성장했다. 그 브랜드는 때때로 그것의 설립자, 인그바 캄프래드의 괴짜 철학에 의해 만들어진다. 회사 이름은 농장과 그의 집 지역의 이니셜에서 만들어졌다—I(ngvar), K(amprad), E(imtaryad-농장), A(gunnaryd-커뮤니티).

이케아는 그들 모든 고객들에게 좋은 품질, 매우 실질적인 그리고 최신의 디자인을 알맞은 가격에 제공하는 것을 목표로 한다. 이케아의 사명 진술문은 그것의 기능적 목표들이 베어 나오게 한다. "대다수의 사람들을 위해 그리고 매일 더 나은 삶을 위해 일하는 사람들에게 기여하기 위해, 좋은 디자인과 기능의 가정 가구 아이템의 넓은 범위를 제공한다. 특히 그것을 살 수 있는 대다수 사람들에게 낮은 가격으로 제공한다."

1 | 2 | 3 | 4 | 5
많은 사람들은 이케아에 방문하는 것을 가족의 하루 나들이로 생각한다. 인테리어는 잘 되어있고, 상품 범위는 넓고 다양하고, 가격은 낮고 대부분의 제품들은 저장되어 있고 그날 바로 집으로 가져갈 수 있기 때문이다.

2

1

브랜드 히스토리

1943
잉그바는 이케아 네임을 등록하고 펜, 시계, 보석 그리고 지갑 등을 팔기 시작하였다.

1946
이케아 최초의 광고 등장.

1950
이케아는 그들 범주에 가구를 첨가하였고 공장 가격에 우편 주문으로 그것을 팔기 시작하였다. 공급자들의 거부에 위협을 받았고 이케아는 사실상 스톡홀름의 가구무역박람회에서 거부당했다.

1951
최초의 영구적 쇼룸에 필요한 최초의 이케아 카탈로그가 발행되었다 (1953년 알름훌트에서)

1955
이케아는 그들 자신의 가구를 디자인하기 시작하였다.

1956
회사는 그들 모든 가구를 위해 그들을 정의하는 평평한 팩을 런칭하였다.

1959
길리스 룬드그렌(이케아의 4번째 종업원)은 이케아의 가장 잘 팔리는 저장 시스템 중의 하나인 TORE를 디자인하였다.

1960
이케아 "경험"이 만들어졌다. 커다란 창고형 스타일의 도매점은 가구와 홈 액세서리들을 팔았다. 거기서 고객들은 그들 자신이 직접 찾아다니며 고르고 상품을 그날 바로 집으로 가져갈 수 있다.

1963
최초의 이케아 상점은 스웨덴에 있지 않았다. 오슬로 외곽에서 개장했다.

1965
스웨텐 최초의 상점이 오픈했다.

1973
가게가 쮜리히 근처에서 오픈했다. 그것의 성공은 스위스에서 독일로의 확산을 위한 길을 열어줬다

5

브랜드 가치와 형식을 따지지 않는 규칙은 강하고 현재까지의 요소들이다. 그것은 이케아와 함께 일하는 전 세계 사람들 사이에 유대감을 만드는 것을 도와준다. 1976년에 잉그바 캠프래드는 "가구 딜러의 신조"로 나중에 알려지게 된 데에서 이들 요소들을 서술했다. 이케아와 함께 일하는 모든 사람들은 이 문서를 알고 이해하며 잉그바 캠프래드에 따르고 있다. 강력한 이케아 문화를 유지하는 것은 브랜드의 계속되는 성공 뒤에 있는 가장 중요한 요소 중에 하나이다.

이케아는 어떻게 그리고 왜 그것이 이들 범위의 제품으로 포함하는지에 대한 엄격한 시스템을 가지고 있다. 그것은 다음의 "민주적 디자인"이라고 불리는 원칙에 따라 성취된다. 이케아 범주에 들어오는 어떤 아이템은 다음의 세 가지 방향에 따라 장착된 기준에 맞아야 한다. 형태, 기능 그리고 가격. 그것이 눈을 즐겁게 하는가? 그것이 의도하는 목적을 수행하는가? 가격대비 좋은 가치를 가지고 있는가? 만약 그 대답이 이들 질문 중 어떠한 것에라도 '아니오'라면, 회사는 그것이 이케아의 범주에 들어갈 수 없다고 생각한다.

4

1976
잉그바 캠프래드는 "가구딜러의 신조"를 썼다. 캐나다에서 첫 이케아 가게가 오픈했다.

1983
6000번째 종업원이 이케아에 합류했다.

1985
미국은 그들 첫 이케아 가게를 받아들였다.

1987
영국에서 최초의 이케아 가게가 오픈했다.

1993
이케아는 114번째 가게를 오픈했다(25개국에서).

1997
이케아는 아이들의 이케아를 도입했다.

1999
잉그바 캠프래드는 이케아 그룹에서 일하는 사람들에게 밀레니엄의 보상으로서 "감사 빅 이벤트"를 열었다. 전 세계 모든 판매 총액은 종원들에게 나누어졌다(평균한달 봉급 이상으로).

루코자이드 얼마나 멀리 갈 수 있지?

1927년 어느 약제사가 뉴캐슬에서 아이들 회복(요양)을 위한 음료를 만들었다. 이것은 런던의 트렌디한 체육관에서 유용하게 되었으며, 약국에서는 팔리지 않았다. 슈퍼마켓에서 팔렸다. 아마도 그 약제사는 이것을 믿지 않을 것이다. 그러나 정확히 루코자이드에게서 이런 일이 일어났다. 버스럭거리는 오렌지 셀룰로판 커버의 병으로부터 현재 들고 다닐 수 있는 것으로(친숙하게 스포츠 팩으로 재창조된) 이 브랜드는 상상의 브랜드 경계들을 깨고 있다.

1 | 2 | 3 | 4
한때 어린 아이들의 원기회복을 위해 적합하다고 생각되었던 루코자이드는 이제 거대한 라이프스타일 브랜드가 되었다. 스포츠맨에 의해 사용되고, 세계의 가장 큰 게임 아이콘인 라라 크로포트에 의해 프로모션되고 활동을 증진시키기 위한 여성들에 의해 사용되고 있다.

2

1

브랜드 히스토리

1927
루코자이드는 아이들 원기회복용으로 영국의 약제사에 의해 개발되었다. 그것은 주로 약국의 비캄에 의해 배포되었다.

1979
드링크는 기운이 떨어지는 것을 느끼는 건강한 사람들을 위해 기운을 북돋우는 것으로 리포지션 되었다.

1980
250ml와 1리터 유리병이 소개되었다. 유통은 슈퍼마켓, 식료품, 새로운 대리점으로 확장되었다.

1983
브랜드는 "루코자이드는 잃어버린 에너지를 대체합니다"로서 리포지션되었다. 영국 올림픽 육상선수 데일리 톰슨은 마케팅 캠페인에 앞장 섰다. 판매는 300%씩 6년 넘게 증가하고 있다.

1986
오렌지와 레몬 보리 향의 250ml와 1리터 유리병 그리고 330ml 캔이 출시되었다.

1990
영국의 축구스타 존 반즈를 앞세워서 루코자이드 스포츠가 런칭되었다. 이 제품은 1990-91년 가장 성공적인 소프트 드링크 런칭 상을 수상하였다.

1992
루코자이드 스포츠는 영국 축구 선수 리그의 공식 스포츠 드링크가 되었다. 루코자이드 스포츠 음료의 범주는 레몬/라임 향을 포함하는 것으로 확장되었고 오렌지 스포츠팩이 런칭되었다.

3

4

1995
루코자이드 NRG가 런칭되었다. 루코자이드 스포츠는 영국의 럭비 팀의 공식 스폰서가 되었다. 오렌지 500ml 병이 런칭되었다.

1996
루코자이드는 "잃어버린 에너지를 대체한다"로부터 단순히 "에너지 상승"으로 재포지션 되었다. 이 시점에 제품의 비주얼 아이덴티티가 급진적으로 변화되었다.

1997
잉글랜드 팀의 축구 주장 알란 쉬어러는 루코자이드 스포츠 광고에서 브랜드 홍보대사로서 나타났다.

1998
루코자이드 에너지는 새로운 팩 그래픽 그리고 500ml 플라스틱 병과 새로운 광고와 함께 재런칭 되었다. 루코자이드 스포츠의 포지셔닝은 "스포츠 활동의 증진"으로 변화되었다. "33% 더 오래 유지"의 주장이 도입되었다.

1999
루코자이드 NRG를 위한 멀티미디어 캠페인이 런칭되었다(컴퓨터 영웅 라라 크로프트를 주연으로 하는). "건강한 다이어트 드링크"에서 "저칼로리 에너지 드링크"로 이동하면서 루코자이드 저칼로리가 다시 런칭되었다.

2000-1
제임스 크랙넬(올림픽 조정경기 선수), 매트 다우슨(잉글랜드 럭비 선수), 제이슨 리(올림픽 사이클 선수) 그리고 팀 돈(철인 3종 경기 선수)가 브랜드 홍보 대사로 합류했다.

2002
잉글랜드 팀의 축구 스타 마이클 오웬은 팀 루코자이드 스포CM에 합류했다. 루코자이드 스포츠는 플로라 런던 마라톤의 공식 스포츠 드링크로 5년 계약을 체결했다. 루코자이드 스포츠 카보젤이 런칭되었다.

소니 창의력으로 승부내기

처음에 "토츄켄(토쿄 츄신 켄큐조)으로 설립되었다. 소니의 두 명의 설립자, 아끼오 모리타와 마사루 이부까는 서구 세계로 좀 더 접근 할 수 있는 회사를 만들기 위해 네임을 바꾸어야만 한다고 결정하였다. 소니는 라틴어인 소누스로에서 얻은 것이다(사운드와 소닉(음의)과 같은 어원). 그리고 소니의 가장 초기 제품은 테이프 레코더였다. 그 단어는 또한 엔터테인먼트, 젊음, 그리고 발명이라는 소니의 정신을 표현하기 위해 사용되었다.

사실상 소니의 모든 문화는 생각과 혁신하기 위한 시간을 그들의 기술자들에게 제공하는 좋은 노동 환경과 상장으로부터 근거해 있다. 소니의 두개의 가장 성공적이 제품 범주가 워커맨과 플레이스테이션이라는 것보다 더 나은 증거는 없다. 이것은 둘 다 인 하우스에서 개발되었다. 두 제품 다 의미 있는 혁명을 창조했고 문화적 이동, 음악과 홈 엔터테인먼트가 만들어지고 소비되는 방식에 있어서 문화적 이동을 만들었다.

소니의 동기부여는 항상 즐기기를 원하는 소비자들에 대한 깊은 통찰을 가지고 있다. 워크맨과 그것에 따른 수십 개의 부산물들은 기술에 관한 것이 아니라, 움직이면서 음악을 듣는 혜택을 운반하는 것에 관한 것이다.

1 | 2 | 3
소니의 비전은 엔터테인먼트 콘텐츠(소니가 소유하는)가 고객의 플레이 스테이션 2(소니가 만든)로 운반되는 것이다. 그리고 그 다음에 TV 또는 스테레오(역시 소니가 만든) 상에서 진행되는 것이다.

4
소니는 그것의 제품 범위에 브랜드화 된 옷을 입힘으로써 브랜드 인지를 확장하고 있다.

브랜드 히스토리

1945
2차 세계대전 이후, 설립자 마사루 이부카는 도쿄로 돌아와서 라디오 수선 센터를 설립했다. 10월 경, 이부까와 그의 동료들은 새로운 시설, "도쿄 츄신 켄큐조"(토츄켄)(또는 도쿄 텔레커뮤니케이션 리서치 인스티튜트라 불리는)를 설립했다.

1946
20명 이상의 관리와 스탭은 공식적으로 설립된 도쿄 츄신 코교(토츄코)의 개업식에 참석했다.

1950
"G-타입", 일본 최초의 테이프 레코더는 토츄코에 의해 런칭되었다.

1955
"TR-55" 일본 최초의 트랜지스터 라디오가 런칭되었다.

1958
토츄코의 새로운 출발은 회사 네임을 소니로 바꾸면서 시작된다. 그것은 확실히 혁신적인 단계였다. 그 당시에 일본의 회사에 있어서 그것의 이름을 로마문자로 표기하는 경우는 매우 평이하지 않은 것이었다(소니가 일본어로 쓰였을 때, 중국문자보다 오히려 더 발음에 따르는 문자로 나타난다).

1960
세계 가장 최초의 다이렉트 뷰 트랜지스터 텔레비전이 생산되었다.

1963
소니는 세계 최초의 트랜지스터이며, 컴팩 사이즈의 VCR을 만들었다.

1968
"트리니트론"컬러 TV가 런칭되었다.

1975
"베타맥스" 가정용 VCR이 최초로 만들어졌다.

1979
최초의 워크맨이 런칭되었다.

1982
소니는 최초의 CD 플레이어를 생산하였다.

1985
8mm 비디오카메라가 만들어졌다

1987
소니는 최초의 디지털 오디오 테이프(DAT) 덱을 런칭하였다.

1988
"마비카" 전자 스틸 이미지 카메라가 런칭되었다.

4

2

3

1990-91
"HD 트리니트론" 36인치 HD 컬러 TV가 생산되었다.

1992
최초의 미니디스크(MD) 시스템이 소개되었다.

1994
소니는 세계 최초의 고선명, 그린 라이트에미팅 다이오드(진공관)를 생산했다.

1995
플라스매트론, 평평한 판넬 디스플레이 스크린이 생산되었다. 새로운 포맷 네임, DVD를 제공함으로써 고선명 옵티칼 디스크를 위한 포맷이 완성되었다.

1996
'VAIO" PC가 시장에 등장하였다.

1997
DVD 비디오 플레이어가 런칭되었다.

1998
소니는 서킷(회로) 메모리 카드를 통합하여 기록할 수 있게 한 "메모리 스틱"을 발표했다.

1999
엔터테인먼트 로봇 "AIBO"와 함께 슈퍼 오디오 CD 플레이어가 최초로 생산되었다.

2000
소니의 개인용 엔터테인먼트 형성체인 "CLIE"가 런칭되었다. 소니는 세계 최초의 두발 달린 엔터테인먼트 소형 로봇을 개발하였다.

2001
소니는 "InfostickTM과 BluetoothTM 모둘-무선 데이터 익스체인지의 형태를 시연하였다.

후버 후버 했었니?

청소부로 저녁시간에 일을 했던 젊은 발명가는 먼지가 그에게 천식을 가져다준다는 것을 알았다. 일에 있어서 그의 시간을 증진시키기 위해 그는 최초의 진공청소기를 발명했다. 그가 오하이오 출신의 제임스 머레이 스팽글러이다. 낡은 깡통의 비누상자, 송풍기, 베갯잇, 그리고 빗자루로부터 스팽글러는 먼지를 빨아들이는 어색한 기구(장치)를 창조했다.

스팽글러는 이것이 "빨아들이는 청소기(suction sweeper, 그가 그것을 그렇게 불렀다)"라는 것을 깨달았다. 그리고 그것이 엄청난 판매 잠재력을 가지고 있다는 것을 깨달았다. 결국 그는 그의 사촌의 남편에게 이 디자인을 팔았다. W.H." 보스" 후버, 그는 1908년에 "모델0"를 만들었다. 잠재성을 깨달은 후버는 카펫을 청소하는 새롭고 뛰어난 방법의 것을 디자인하기 위해 엔지니어를 고용했다. 결국 1909년에 디자인 개발 프로그램이 만들어졌다.

후버는 시장에서 최초의 일회용 먼지주머니를 포함하여 최초의 많은 것들을 개발해나갔다. 후버 가족은 1940년대까지 회사를 소유했다. 그 이후 공개적으로 소유되었다. 회사의 주식은 1943년 8월 6일에 최초로 거래되었다.

1985년에 후버는 시카고 퍼시픽 코퍼레이션에 의해 인수되었고 1989년에 메이태그는 시카고 퍼시픽을 인수했다. 그 결과로서, 후버는 젠-에어, 브로제트 그리고 매직 쉐프를 포함하여, 가전제품에 있어서 가장 유명한 이름 중 몇 개와 함께 한 회사의 일원이 되었다.

1990년대에 후버는 치열해지는 경쟁으로부터 어렵게 견디었다. 후버는 "후버"라는 단어가 "진공청소기와 진공 청소의 동음이의어가 되는 기준이 되었다. 후버의 생명력과 안정성은 시장에서 정체성의 기미를 만드는 역효과를 가지고 있다.

이것은 발명가 제임스 다이슨이 그의 주머니 없는 진공청소기를 런칭할 때 강조되었고, 그의 디자인이 주요한 차별화가 되었다. 1992년에 시장점유율을 되찾기 위한 시도에서 후버는 그의 고객들에게 공짜 비행기 여행을 제공했다. 프로모션은 너무 유명해서 후버는 많은 고객들을 불행하게 했다(그것이 거대한 수요를 충족시킬 수 없어서).

어려운 시기를 거친 몇 년 후에 후버는 이탈리아의 캔디 SpA에게 유럽의 브랜드를 팔았다. 두개의 다른 회사(유럽과 미국에서)는 이제 후버로 경쟁한다. 캔디 SpA는 새로운 디자인과 더 나은 범위로 돈을 투자하고 있다. 그리고 디스커버리 모델을 런칭하였다. 후버는 오늘날 상점 내에서 그것의 브랜드 포지션의 도식을 개선하기 위해 잘 운영되고 있다.

브랜드 히스토리

1907
J.M.스팽글러는 최초의 프로토타입의 진공청소기를 만들었다.

1908
스팽글러는 W.H.후버에게 그 디자인을 팔았고 "모델0"가 생산되었다.

1919
제조 설비가 영국에 설립되었다.

1921
후버는 전 세계를 대상으로 마케팅과 제품 판매를 시작하였다.

1942
후버는 진공청소기를 생산하는 것을 멈췄다. 그리고 그것의 관심을 전쟁으로 가져갔다.

1943
회사 주식이 최조로 거래되었다.

1956
컨스텔레이션 진공청소기가 개발되었다.

1968
307,200 스퀘어 풋 공장이 오리지널 콤플렉스의 동부로 첨가되었다.

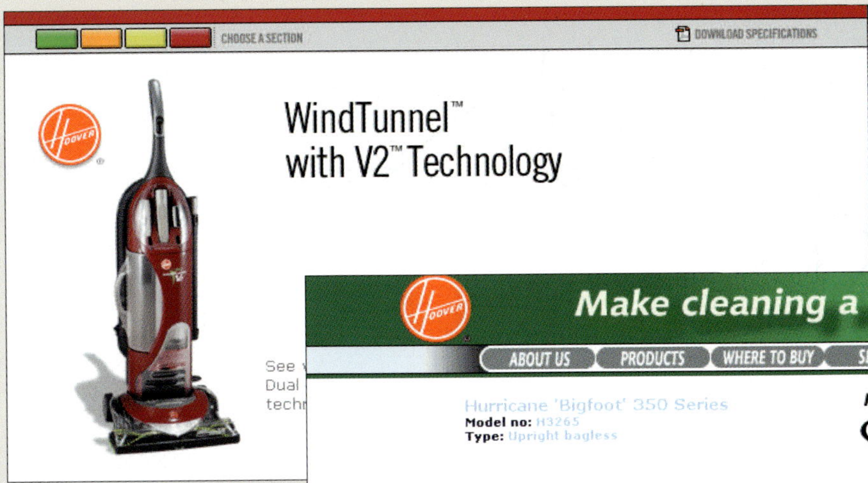

1

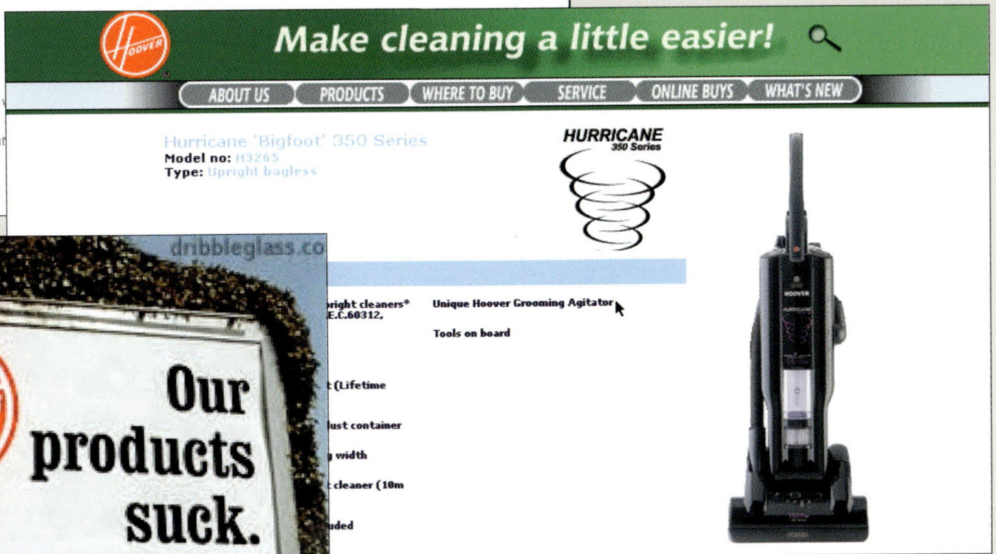

2

3

1 | 2 | 3
1990년 후기에 후버는 이익을 다시 일으키리라는 희망에서 보텍스(회오리바람) 범주를 개발하였다.

147

1985
후버는 시카고 퍼스픽 코퍼레이션에 의해 인수되었다.

1989
메이태그는 시카고 퍼시픽을 인수했다.

1995
후버의 유럽 지사가 이탈리아의 SpA에 팔렸다.

오렌지 밝은 미래, 미래의 오렌지

유럽의 셀폰 회사, 오렌지는 새로운 수준으로 셀폰 전화를 이동한 최초의 브랜드 중 하나이다. 오늘날 많은 브랜드들이 로고 또는 심벌을 통해 그들의 퍼스낼리티를 만들기 위해 노력하고 있다. 그러나 오렌지는 셀폰 세계에서 관심을 두지 않았던 컬러와 경험을 그 당시에 그들의 것으로 만들었다. 오렌지에 의해 최초로 시작되었듯이, 고객들에게 가치를 만들어주는 것으로 초점을 맞추게 했다. 오렌지는 기술이 인간일 수 있다는 그리고 많은 전화 오퍼레이터가 친숙하게 들을 수 있다는 점을 고객들에게 설득하기 위해 운영되고 있다. 브랜드는 1994년에 런칭되었다. 셀폰 전화기가 일반적 상품이었을 때, 가격은 핵심 차별화의 요소였다.

오렌지의 전략은 보편적이고 독특한 방법으로 문화와 경계를 건너 전달될 수 있는 브랜드를 만드는 것이었다. 그것은 많은 독립 산업 자원에 의해 확인되었듯이 가장 좋은 서비스를 제공하는 것으로, 가장 잘 운영되는 네트워크와 가장 최상의 가치를 제공한다는 평판을 가지고 있다. 시장은 이러한 전략의 가치를 깨달았고 이제 다른 브랜드들은 오렌지가 처음부터 해오고 있던 것을 하기 위한 노력을 하고 있다. 브랜드가 약속한 것을 배포하고 경험으로 브랜드를 만들기 위한 노력들을 하고 있다. 유럽에서 보다폰, 티-모바일, 그리고 02는 이제 그 방향에서 움직이고 있다.

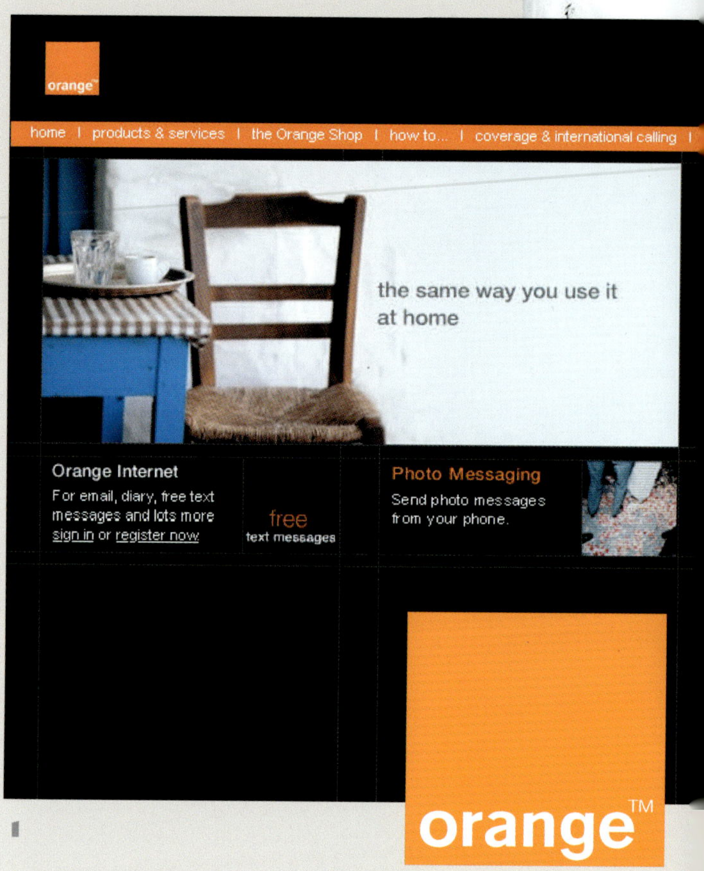

브랜드 히스토리

1994
오렌지는 영국의 셀폰 시장에서 4번째 진입자로서 런칭하였다.

1996
오렌지는 런던 주식 교환(205 펜스/주당 3.28$)과 나스닥에 상장되었다. 그것은 영국 시장에서 고객의 8.5%에 해당하는 500,000명을 얻었다.

1996
오렌지는 영국의 100대 기업 리스트에 올랐다.

1997
오렌지는 백만 명의 영국 고객들을 확보하였다(시장점유율 14%). 회사는 800백만£ 투자 계획을 선포하였고, 영국의 마켓 리더가 되는 것을 목표로 하였다.

1998
J.D.파워와 제휴사인 글로벌 마케팅 인포메이션 서비스 회사는 영국에서 모바일 전화 고객 만족에서 넘버원으로 오렌지를 순위에 올렸다.

1999
오렌지 UK는 영국의 최초의 보이스 액티베이티드 디지털 퍼스널 어시스탄트(음성 활동 디지널 개인 보조 장치)인 "와일드파이어"를 런칭하였다. 오렌지는 독일 회사 만네스만에 의해 인수되었다.

2000
보다폰 에어터치 plc는 만네스만을 인수했고 오렌지를 팔기 위해 착수하였다. 오렌지는 프랑스 텔레콤에 의한 인수에 동의함을 선포하였다. 프랑스 텔레콤의 셀폰 자산의 대다수는 확장된 오렌지 SA 그룹을 형성하기 위해 결합되었다.

2000
오렌지 UK는 와일드파이어와 아나노바의 인수와 뉴스 테이크에서 오렌지 인터넷 플랫폼과 오렌지 월드 서비스의 설립을 형성하는 25% 지분을 선포하였다.

2

오렌지의 브랜드 디렉터는 브랜드의 성공은 그들 고객에게 신뢰할 수 있는 관심과 그것의 완성에 기인하는 것이라고 하였다.

오렌지에 관하여 독특한 것 중의 하나는 그것의 비즈니스와 브랜드 전략을 수행하는 것이다. 그리고 그것을 내면화하는 것이다. 단지 그들의 커뮤니케이션 비즈니스에서만이 아니라, 콜 센터로, 대리점으로, 청구서, 고객과 만나는 사람들, 그리고 그들의 종업원들에 걸쳐서까지 그들의 브랜드 전략을 수행하고 있다. 이것은 강력한 외부적 브랜드(핵심요소—로고, 컬러 그리고 타이포그래피 등은 그들이 런칭하는 어느 곳에서든지 일관성을 유지한다)를 만들 뿐만 아니라, 이들 가치를 내부적으로도 잘 스며들게 하고 있다. 앞으로 곧바로, 정직하게, 신선하게, 역동적으로 그리고 친숙하게 이러한 가치들은 내부적으로 살아있고 외부적으로 실현되고 있다.

오렌지는 그들의 가치를 광고와 그들의 전체 고객들을 대면하는 커뮤니케이션을 통해 프로모션하고 있다. 이것은 단지 그들이 마켓 리더인 영국에서 뿐만 아니라, 여전히 회사의 평판을 만들고 있는 세계 어느 곳에서도 행해지고 있다. 오렌지는 글로벌 플레이어가 되기를 열망한다. 그리고 그 브랜드는 의심할 바 없이 그 목표를 성취하기 위한 여정에 놓여 있다.

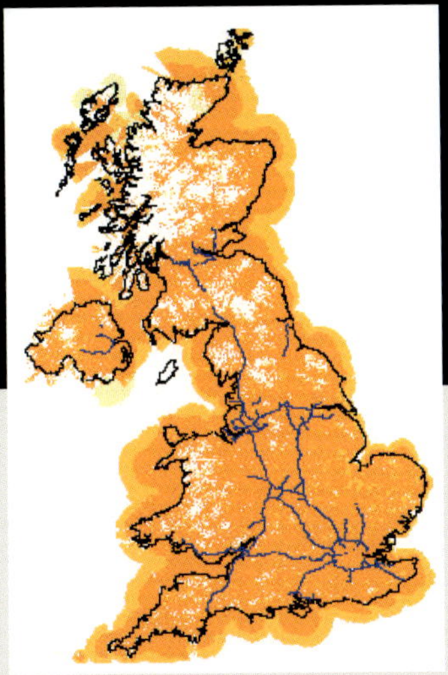

3

2001
오렌지는 "집에서의 오렌지"를 선포하였다. 오렌지 SA는 성공적으로 그것의 상장을 완성하였고 파리와 런던의 주식시장에 들어갔다. 모빌릭스는 덴마크에서 오렌지로 리브랜딩되었다. 이티네리스, OLA, 그리고 모비카르뜨는 프랑스에서 오렌지로 리브랜딩되었다.

4

1 | 2 | 3 | 4
오렌지가 사용한 이미지들은 고객들이 그들의 전화와 그들의 모바일 라이프스타일로부터 최상의 것을 얻고 있다는 것을 보증하는 브랜드의 가치를 강조한다. "퓨처 브라이트"(밝은 미래)를 만드는 아이디어는 그것의 모든 디자인에 반영되어있다.

마이크로소프트 잠재성 깨닫기

마이크로소프트는 1975년에 처음으로 런칭된 이후, 오랜 길을 걸어왔다. 그리고 매우 제품 중심적인 회사가 되었다. 이제 그것의 디자인 가치는 그들 고객들(그들이 일반적 소비자 또는 국제적 비즈니스이건 간에)과 "잠재성 깨닫기"의 아이디어를 커뮤니케이션 하고자 하는 의도로 되어 있다.

마이크로소프트는 사람들에게 효과적이고 효율적인 소프트웨어를 통해 힘을 얻을 수 있다고 믿는다(어떠한 시간, 어떠한 장소 그리고 어떠한 디바이스 상에서). 생각에서의 이러한 이동은 마이크로소프트가 그들 시장의 어떠한 곳에서건 그들 자신을 보여주는 방법에 반영되고 있다.

마이크로소프트는 또한 증진된 반응, 책임 그리고 예측력, 회사가 제공하는 모든 것(고객들의 신뢰를 증가하기 위한 플랫폼으로서)에서 "신뢰할 수 있는 컴퓨팅"을 만들기 위해 노력하고 있다. 브랜드 초점의 이러한 이동은 마이크로소프트의 비즈니스 실행에 있어 나쁜 퍼블리시티의 결과에서 기인한다. 그것은 미국에서 유명한 독점금지 소송에서 최고점에 달하는 것이었고 여전히 느끼고 있는 것의 결과들이다.

"사람들로 하여금 새로운 것을 할 수 있도록 하는 것"이라는 가치는 이제 고객들과 함께 하는 마이크로소프트의 상호작용에 있어 모든 측면을 통해 번영되고 있는 것이다. 좀 더 부드럽고 좀 더 사용자에게 친숙한 윈도우 XP의 디자인으로부터 새로운 제품을 배양하고 새로운 고객 요구들을 통합하고 좀 더 깊게 새로운 그리고 현존하는 파트너들과 함께 상호작용하는 것이 이러한 가치를 담고 있다.

마이크로소프트는 또한 강력하고 강력한 서브 브랜드들을 만들었다—민감한 전략과 지난 수십 년 동안에 비대중적이며 종종 구분되는 단일의 접근에서 벗어난 움직임이었다.

1

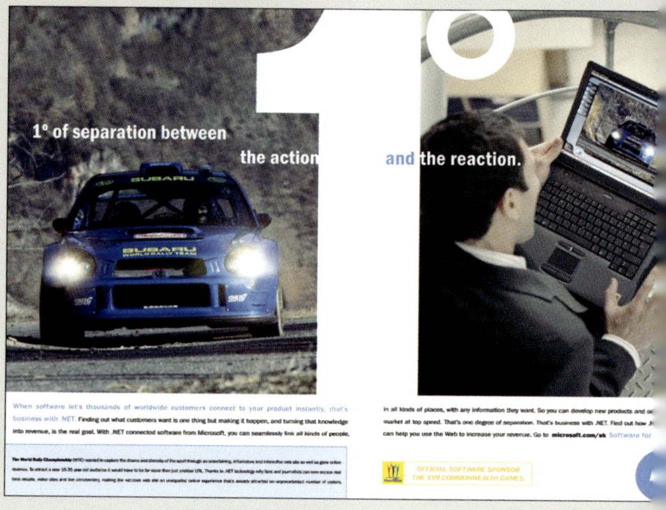

브랜드 히스토리

1976
트레이드 네임 마이크로소프트는 뉴멕시코주의 안전사무국에 등록되었다.

1978
마이크로소프트는 그것의 처음 인터내셔널 판매 사무실을 일본에 설립했다(ASCII 마이크로소프트).

1981
마이크로소프트는 마이크로소프트, Inc.로 다시 정비하고, 빌 게이츠를 사장과 회장으로서, 그리고 폴 알렌을 부사장으로 임명했다.

1982
마이크로소프트는 새로운 회사 로고, 새로운 패키지 그리고 소매 딜러를 지원하는 것들의 종합적인 구성세트를 선포하였다.

1983
마이크로소프트는 마이크로소프트 워드, MS-DOS 1.00을 위한 풀 피쳐드 워드 프로세싱 프로그램을 소개했다.

1987
마이크로소프트는 장래에 대비한 신중한 계획을 수립했다. 데스크탑 프리젠테이션 어플리케이션을 선도하는 파워포인트를 개발하고, 윈도우용 엑셀을 발표했다.

1989
마이크로소프트는 최초의 일반 비즈니스 소프트웨어, CD-ROM상에서 유용한 매킨토시 시스템을 위한 오피스를 선포했다.

1993
마이크로소프트는 그들의 허가받은 사용자들이 2천5백만 이상이라고 보도했다. 세계에서 가장 유명한 데스크탑 GUI에 근거한 오퍼레이팅 시스템을 만들었다.

2

Microsoft® Office

3

msn®

Microsoft® .net™

4

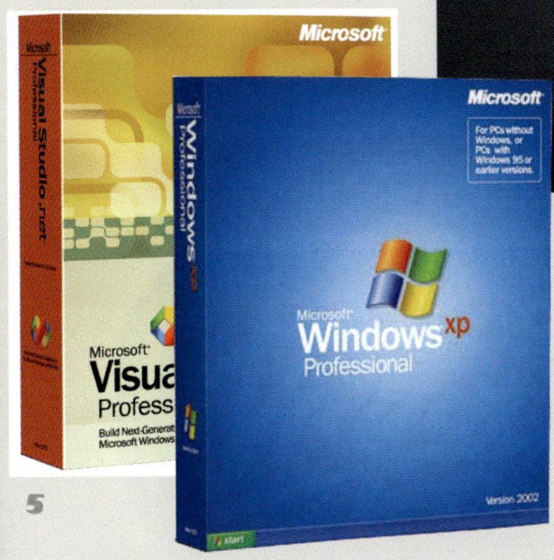

5

XBOX
PLAY MORE

6

7

1 | 2 | 3 | 4 | 5 | 6
마이크로소프트의 메인 서브 브랜드들은 그들이 부르는 소비자에 근거해서 개발되었다. 개발자 브랜드, 소비자 브랜드(xBox, msn, hotmail 기타 등등), 그리고 구성요소 브랜드(.net와 같은)

7
마이크로소프트의 설립자 빌 게이츠는 돌보지 않는 단일체(비석, 기둥)로부터 작은 비즈니스들이 좀더 혁신적이며 민첩한 그룹으로 회사의 인식을 변화시키는 데 있어 근본이 되어 왔다. 이러한 이동은 반트러스트 사건에 의해 부분적으로 촉진되었다.

1995
2월 마이크로소프트는 미국 지방 판사 스탠리 스포킨에 의해 기각되었던 법무부와의 상소 재판은 1994년 반트러스트(독점금지의) 결정을 회복시켰다. 마이크로소프트 윈도우 95는 전 세계적으로 유용하게 만들었다.

1996
인터액티브 미디어 디비젼이 만들어졌다(MSN을 구성하는): 마이크로소프트 네트워크 온라인 서비스; 게임과 어린이들의 타이틀; 그리고 이제 사라진 소비자 디비전에서 이전에 거주했던 정보 비즈니스.

1998
마이크로소프트는 그들의 제품을 변화하는 소비자와 시장의 니즈에 반응하기 위해 재조정하고 있다. 재조정은 그 제품 그룹들을 윈도우에서 인베스팅에 초점을 맞추고 있다. 용이성과 스케일러빌리티(기준성 · 규모성)의 목표와 함께 그들의 경쟁적 이점을 극대화하도록 사업을 허락하면서 그들의 디지털 너버스 시스템을 통해 그리고 웹 라이프스타일을 포로모션 하면서 사업은 재조정되고 있다. 빌게이츠는 마이크로소프트의 사장에 스티브 발머를 임명했다.

1999
마이크로소프트ⓡ 윈도우 2000 프로페셔널, 윈도우 2000 서버, 그리고 위도우 2000 어드밴스트 서버 오퍼레이팅 시스템이 생산되었다. 마이크로소프트는 그들의 소프트웨어와 서비스, 마이크로소프트.net 플랫폼의 다음 세대를 위한 비전을 발표했다.

2001
마이크로소프트는 윈도우 XP의 월드와이드 판을 발표했다. 마이크로소프트 xBox 비디오 게임 시스템 또한 소개되었다.

Microsoft®

브리티쉬 미드랜드 매력, 스타일과 함께 하는 스피드

치열한 경쟁에 부딪힌(특히 낮은 가격의 운반자들로부터) 브리티쉬 미드랜드 에어웨이의 목표는 성공하기 위해 이동해야만 했다. 그것은 더 이상 지역 항공사로 고려될 수 없었다. 브리티쉬 미드랜드는 글로벌 에어라인이 되고자 하는 열망을 가졌다.

첫 단계는 새로운 기업 아이덴티티, 외관, 느낌 그리고 적용의 가장 넓은 범주에 걸쳐 적용될 브랜드 디자인를 만드는 것이었다. 그리고 기업의 마케팅 활동을 단일화하는 것이었다. 브랜드 디자인은 사용하기 쉽고, 미적으로 즐거워야 하고 비용에 있어 효율성을 가질 필요가 있었다.

브리티쉬 미드랜드의 포지셔닝은 상쾌하고 현대적이며 입체적으로 말할 뿐만 아니라 생동감 있고, 민첩하고, 활동적인 것이다. 이러한 개념에다가, 브리티쉬 미드랜드는 또한 자심감 있고, 마음대로 할 수 있는, 매력 있는 개성들이 나타나길 원했다. 가장 중요하게, 브리티쉬 미드랜드는 그것의 이름을 bmi로 바꾸었다. 정확히 브리티쉬 미드랜드라는 이름이 불러일으키는 지역적이고 작은 것으로 보이는 부정적인 의미로부터 벗어나기 위한 의식적인 결정이었다.

"세일링 커브(항해 곡선)"는 bmi 아이덴티티의 근본이념 중의 하나이다. 그것은 항해 컨셉의 비주얼 표현이다. 생태학적으로 친근하고, 스타일 있고 매력적인 브랜드 가치를 반영할 의도의 컨셉이다. 영국 국기(유니온 플래그)는 모든 bmi 항공기의 꼬리 날개위에 눈에 띠게 그려져 있다. 이것은 유사한 가치를 반영하기 위한 열망을 담고 있으며, 다른 클래스를 리딩하는 에어라인인 브리티쉬 에어웨이를 연상시키는 가치로부터 빌린 것이다.

"고객 여행"에서의 모든 것, 로고와 비행기의 제복에서부터 라운지, 신호, 유니폼, 그리고 내부 인테리어에 이르기까지, 이것들은 동일한 디자인 가치를 겨냥해 벤치마크(기준)되고 있다.

브랜드 히스토리

1938
에어 스쿨 Ltd.가 설립되었다. 이것은 RAF 조종사를 위한 비행 지도에 있어서 전문화되어 있는 곳이다.

1949
2차 세계대전에 뒤따라 더비 에비에이션(항공)이 설립되었다.

1953
더비 항공은 그들의 최초 스케줄 된 서비스를 소개했다

1959
더비 항공은 그들의 이름을 더비 에어웨이로 바꾸었다.

1964
더비 에어웨이는 그들의 이름을 브리티쉬 미드랜드 에어웨이(BMA)로 바꾸었고, 블루와 화이트의 새로운 회사 제복을 소개했다.

1965
새롭게 오픈한 이스트 미드랜드 에어포트로 오퍼레이션을 이동하였다.

1968
BMA는 은행과 투자 그룹인 민스터 어셋에 의해 인수되었다.

1978
BMA와 브리티쉬 에어웨이(BA)는 루트 교환에 동의했다.

1985
BMA는 브리티쉬 미드랜드(BM)이 되었고 그들의 제복을 레드, 화이트 그리고 블루로 바꾸었다.

1995
BM은 인터넷상에서 지불할 수 있는 예약 부킹 서비스-사이버시트를 제공하는 최초의 항공사가 되었다.

1996
새로운 회사 스트랩라인(고리 라인), "유럽을 위한 항공사"를 발표하였다.

1999
영국의 민간 항공 기관은 런던 히드로우로부터 뉴욕, 워싱턴, 마이애미 그리고 보스톤으로 가는 라이센스를 수여하였다.

2001
브리티쉬 미드랜드는 그라운드 핸들링(비행기 지상 조정) 비즈니스의 판매를 선포하였다. 브리티쉬 미드랜드는 그것의 새로운 기업 아이덴티티, 기업 복장 그리고 대서양 횡단의 제품을 발표했다. 항공사는 이제 bmi 브리티쉬 미드랜드로서 알려지게 되었다.

1 | 2 | 3 | 4
새로운 아이덴티티의 중심에서 로고의 새로운 디자인, 좀더 스타일리쉬한 활자 그리고 새로운 브랜드 디자인 시스템이 있다. 게다가 bmi에 의해 사용된 사진의 모든 것은 명백하고 심플하고 인상적이다.

2

5

3

4

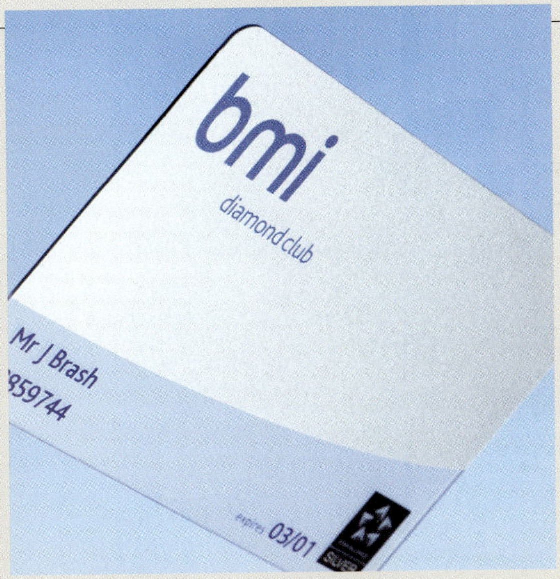

6

2002
bmi는 새로운 낮은 비용의 항공사, bmi베이비의 런칭을 선포했다(이스트 미드랜드 공항에 기지를 둔)

5 | 6
"하늘의 항해(sailing through the air)"와 같은 열망의(꿈의) 문구는 브랜드 메시지를 강화하기 위해 마케팅과 편지지(문방구)를 통해 사용되었다.

노바티스 의학에서 라이프 사이언스로

1996년에 스위스에 본거지를 둔 가장 큰 두개의 회사, 시바 지기와 산도즈가 새로운 제약회사를 형성하기 위해 합병했다. 노바티스(합병된 전체의 이름)의 탄생은 역사상 그 당시에 가장 큰 기업 합병이었다. 그 이름은 라틴어인 novae artes(의미는 새로운 기술)로부터 유래된다. 이것은 그 회사가 발표한 공약이 연구와 개발에 포커스를 맞추겠다고 하는 것을 반영한다.

이름에서의 변화는 비즈니스에 있어서 초점의 변화를 고지했다. 1996년 12월 17일, 미국 연방 트레이드 커미션의 승인과 함께, 합병에 있어 마지막 통제하는 장애가 정리되었다.

합병 후에 노바티스는 일반 약 뿐만 아니라, 브랜드화를 위한 단일화된 이미지를 만들어왔다. 좀더 중요하게 노바티스는 건강 관리 사업에 있어서 그 자신을 리포지션 했다. 그것은 세계의 사람들을 위한 삶의 질을 증진하는 것을 목표로 하고 있다.

1

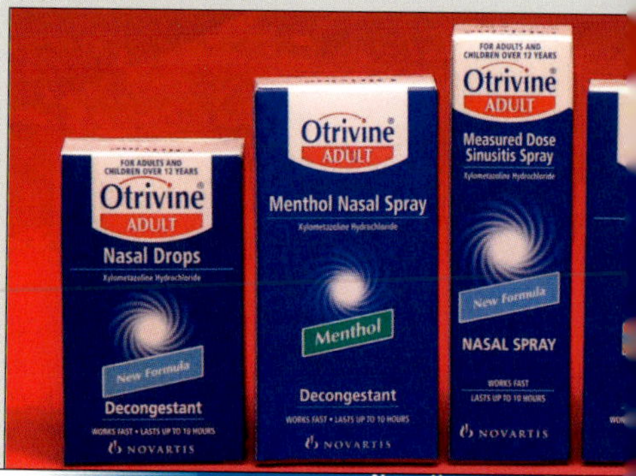

2

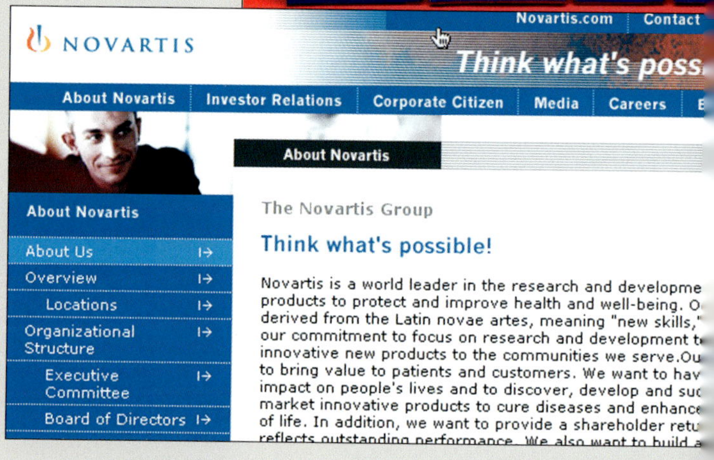

NOVARTIS

브랜드 히스토리

1758
조안 루돌프 지기-제무세우스는 바젤에서 여러 가지 염료와 화학물질의 거래를 시작하였다.

1857
조안 물러 팩과 함께, 조안 루돌프 지기 메리안은 바젤에서 염료가 되는 각종 목재의 공장과 염료 추출 공장을 지었다.

1901
회사의 이름이 J.R.Ge-igy Ltd.로 바뀌었다.

1914
회사는 정부의 제한을 받는 회사가 되었다.

1859
알렉산더 클레벨은 그의 실크 염료 공장을 새로운 회사 빈즈체들러 & 부쉬에 팔았다.

1884
빈즈체들러 & 부쉬는 합자 회사로 바꾸고 "제셀쉐프트 퍼 케미쉬 인더스트리 바젤이라는 이름과 함께, Ciba로 축약하였다.

1886
케미컬 회사 컨 & 산도트는 바젤에서 만들어졌다.

1918
"인터레센게메인샤프트 바젤(바즐러 IG)가 형성되었다(산도즈, 시바 그리고 기기의 동의 하에).

1928
시바는 기기의 텍스타일 (섬유) 보조물을 생산했다.

1935
기기는 살충제 상산을 시작했다.

1938
제약 백화점이 기기에 의해 설립되었다.

1939
기기 리서처는 DDT의 살충 효능을 발견했다.

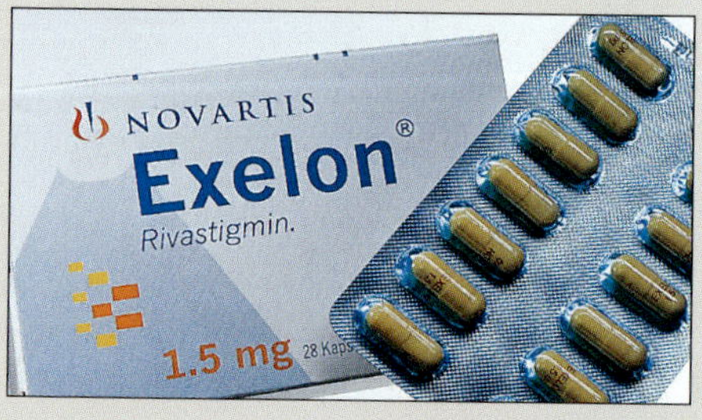

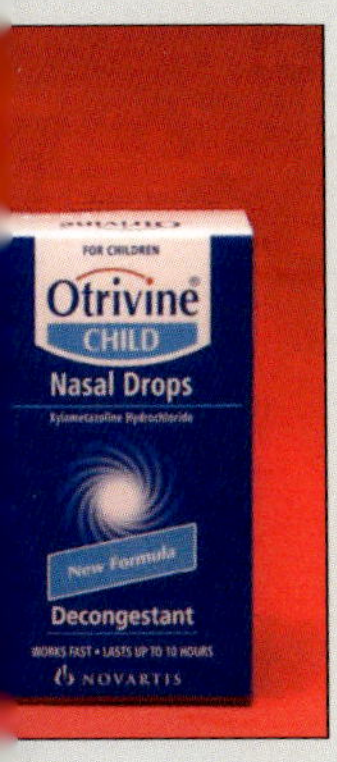

3

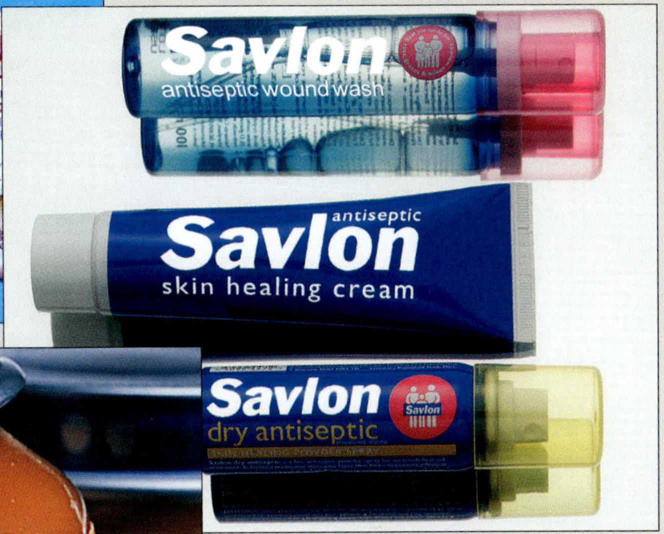

4

1 | 2 | 3 | 4 | 5
노바티스의 사명은 환자들과 고객들에게 외부적 핵심가치(혁신 그리고 사람들과 성과에 집중화된)를 가져가는 것이다.

5

1949
기기는 안티 루마티즘 약의 제조를 시작했다.

1963
산도즈는 오스트리아의 군티에서 바이오케미 GmbH를 인수했다.

1967
원도 Led.와의 합병과 영양학 비즈니스(오발틴, 아이소스타)로의 다양화를 시도했다.

1970
시바와 기기는 시바-기기 Ltd.를 형성하기 위해 합병했다.

1975
아메리칸 로저스 시드 컴퍼니의 인수와 함께 산도즈는 시드 마켓으로 움직이기 시작했다.

1987
CIBA 비전은 분리된 사업 단위로 시작되었다.

1990
산도즈는 지주회사로 전환하였다.

1992
시바-기기는 새로운 로고의 도입과 함께 같은 선상에서 시바라고 다시 이름을 붙였다.

1996
산도즈와 시바는 노바티스를 설립하기 위해 통합하였다(역사상 가장 큰 기업 합병의 하나로).

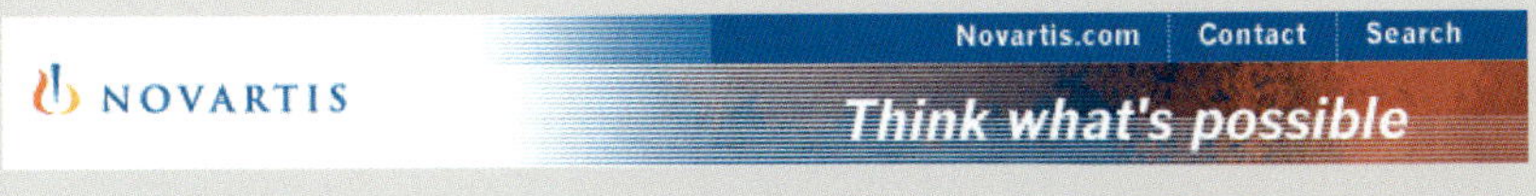

브랜딩 이노베이션

맥도날드 버거 공룡

맥도날드의 성공은 스피드, 청결함, 그리고 재미의 가치의 정신에 근거한다. 이러한 가치들은 "황금색 아치" 로고로 나타나고 있으며, 그것은 디자인 아이콘이 되어서 언어와 문화적 경계를 건너고 있다. 로고는 아이들에게 그들이 아이들을 위한 제품에 초점을 맞추고 있다는 것을 충분이 회상할 수 있을 만큼 영리하게 디자인되어 있다. 그것은 또한 그들이 부모이건 아니건 간에 성인들을 끌어들일 만큼 충분히 영리하다.

아치형의 M은 그들이 세상 어디에 있든지 방문객들로 하여금 들어오게 한다. 필수적으로 그들은 동일한 메뉴를 발견할 것이다(동일 제품이 다른 경계와 문화들을 위해 예민하게 다시 초점을 맞추고 있다 할지라도). 그리고 밝은 컬러와 깨끗한 디자인 등 동일한 디자인 정신을 만나게 될 것이다.

최근에, 패스트푸드의 거물(거인)은 그들 브랜드가 잘 알려진 맛과 함께 보조를 맞추도록 업데이트할 필요가 있다는 인식을 지적하면서 세계의 요리로부터 유명한 요리들을 그들 자신의 것으로 가져가도록 도입하고 있다. 초점의 이러한 부분적 이동은 때때로 전통적이라기보다 반어적인 TV 광고 캠페인으로 확장되기까지 한다. 이러한 메가브랜드는 유머 감각을 개발하고 있다. 그들은 "우리는 나쁜 아이들이 아니에요. 그냥 재미있기를 원해요"

1 | 2 | 3
수년 동안 맥도날드는 적극적으로 아이들을 타깃으로 해왔다(부모의 지갑을 열게 하기 위한 방법으로서). 그리고 그들의 마케팅과 브랜딩 전략에 영감을 기대할 때그들의 생각은 소매와 웹 둘 다에 있어 적용되었다.

4

5

6

4 | 5 | 6
연속된 혁신은 맥도날드의 척추이다. 혁신은 그들 모든 제품, 아이디어 그리고 캠페인을 거쳐 확산된다. 최근에 그들은 특정 국가의 맛과 문화를 좀 더 반영하는 메뉴를 개발해오고 있다.

노키아 고무 장화에서 라이프스타일 폰으로

핀란드의 모바일 폰 자이언트, 노키아는 모바일 세대에 있어 매력적인 기술의 벤치마크 대상으로 보인다. 그러나 그들의 기원은 오히려 다르다. 노키아는 원래 나무 펄프 공장을 운영했고, 그것은 1865년에 설립되었다. 그것은 고무 장화와 오버슈즈를 만드는 회사인 피니쉬 루버 웍스와 1898년에 합병했다. 1967년에 기업 실체는 4개의 주요한 비즈니스 분야 임업, 고무, 케이블, 그리고 전기와 함께 한 산업의 복합체였다.

노키아는 1990년대에 그들 최초의 GSM 폰, 노키아 1011의 런칭과 함께 셀룰러 커뮤니케이션 세계에 진입했다. 노키아가 많은 경쟁자들과 구분될 수 있는 것은 사용하기 쉬운 오퍼레이팅 시스템과 기능적이며 스타일리쉬한 하드웨어를 연결시킨 신중한 브랜드 디자인이다. 이러한 방법에서 브랜드는 '노키아'를 외치지 않는다. 그러나 혼란스러운 오퍼레이팅 시스템과 연결된 일시적으로 화려하고 트렌디한 디자인에 의해 지배되는 시장에서 폰 각각의 새로운 세대는 그들의 시장에서 느끼는 존재를 만들게 한다.

그들 회사는 몇 개의 영리한 공동 브랜딩 이니셔티브를 디자인하고 있다. 가장 주목할 만한 것은 스필버그의 사이언스 영화 마이너리티 리포트와 함께 한 타이인이다. 여기에 함축된 메시지는 '내일의 테크놀로지는 오늘날 여기에 있다' 이다.

1
혁신과 영리한 공동 브랜딩 이니셔티브는 노키아를 강력한 소비자 브랜드로 만들고 있다.

2
최근 기술의 진전은 WAP-인에이블드 폰을 포함한다. 노키아는 그들의 폰을 통해 빠르고 쉽게 인터넷으로부터 중요한 정보를 접근하는 전문적인 사용자들을 돕기 위한 기구로서 THR850 TETRA를 프로모션 하였다.

3 | 4 | 5 | 6
다른 혁신은 단지 블루투스 카 티드를 포함한 언저리에 있다. 그것은 무선 헤드세트의 특성을 가지고 있다(최근의 법이 차 안에서 모바일 폰의 사용을 제한한다고 할지라도).

3

NOKIA
CONNECTING PEOPLE
Welcome to www.nokia.com!
Welcome!
MINORITY REPORT
IN THEATRES
Connect to the Future!
The summer blockbuster Minority Report is coming to Nokia.com. Check out the trailer, test your ethics, and sign up for a chance to win a Nokia 9290 Communicator in the USA or a Nokia 7650 in Asia-Pacific and Europe!
Latest Press Releases
more...
July 31, 2002
Nokia provides MMS network solution to Optus in Australia
July 29, 2002
Nokia to further expand ONE's existing GSM 1800 Network in Austria
July 25, 2002
FTI Consulting Selects Nokia Internet Security Solutions
GPS for Nokia 9200 Communicator Series
Instant positioning, color maps, street and route finders... Enhance your Nokia 9210/9210i Communicator with the Nokia GPS Module and you're right on track. >>
Balance is a Beautiful Thing
Find balance in your busy lifestyle with the new Nokia 6610 mobile phone - equipped for business and styled for leisure. >>
Mobile Phones
United States
9290 Communicator
Accessories
Europe, Africa, Middle East
Nokia Next
Asia-Pacific
Games
Music
Home Products
Corporate Solutions
Nokia One
Secure Network Solutions
WAP for Mobile Business
M2M
Networks
Systems and Solutions
3rd Generation
Broadband Access
Mobile Software
GSM
Public Safety
Professional Services
Product Catalogue

4

5

NOKIA
NOKIA

6

CNN 뉴스 바로 그것

CNN 로고는 세계에서 가장 널리 인정된 브랜드 중의 하나이다. 그들의 뉴스 리포터 위에 나타나는 권위의 스탬프이다.

CNN은 최초로 걸프 전쟁 최전선으로부터 그들 브랜드화된 뉴스 보도로 친숙해진 글로벌 플레이어가 되었다. 사람들은 그 회사가 위험을 감수하는 것을 보았으며, 그때 그들은 로고를 보았다. 최초의 보도가 최전선으로부터 나오게 될 때, CNN의 브랜드 가치는 세계에 전송되었다.

그들 비주얼 아이덴티티를 재디자인 또는 업데이트하기보다는 잠재적으로 혼란된 메시지를 만든다. MTV처럼 CNN의 로고가 나타나는 데 있어 컨텍스트를 바꾼다. 네트워크 트레일러(끄는 사람)에게 있어 CNN 로고는 네트워크의 기술과 생명력을 전달하기 위해 에너지가 넘치는 배경의 시리즈 위에 생기를 불어넣는다. 다른 시간 또는 특정 프로그램에 있어 로고는 분위기, 톤 그리고 프로그래밍의 성격을 반영하여 다른 이미지, 텍스춰, 컬러 그리고 사운드 스케이프(음악적 파노라마)의 다양성에 따라 나타난다.

이러한 방법으로 친숙해진 로고는 시청자 마인드의 맨 앞에 놓여 있다. 그러나 그것이 적응력(탄력적)이 있다는 사실은 그것이 눈에 거슬린다거나 부적합하지 않게 된다는 것을 보증한다.

1 | 2 | 3 | 4 | 5
CNN의 브랜드 단지 그들의 내용, 그래픽 그리고 다양한 접촉점에 있어서의 디자인에 의한 것이 아니라, 브랜드의 개성을 정의하는데 기본적인 역할을 수행하는 그들 프리젠터의 개성과 태도에 의해 운반된다.

2

3

Welcome!
Netscape
Mail
Maps
IM
Search
Shopping
Netscape Presents:
CNN.com
PHILIPS
Let's make things better
Philips Digital Widescreen
CLICK TO SEE MORE
PROGRAMS
CNN Programs
CNN.com Sections
Top Stories
LARRY KING LIVE
LARRY KING 45 YEARS BROADCASTING
TV Listings
Airs 9 p.m. ET, replays 12 a.m. ET and 3 a.m. ET
Saturday, August 03, 2002
KING'S QUIZ
U.N. weapons inspectors have not been in Iraq since:
1999
Tonight:
Tune in for an encore hour with acting legend Robert Wagner. He'll talk about his extraordinary career, receiving his star on the Hollywood Walk of Fame, his marriage to
Hosted by Larry King
E-MAIL FROM THE KING
Sign up for emails on upcoming guests and topics, plus sign up for CNN's primetime lineup e-mail
sign up
E-MAIL THE PRODUCERS
Send in your show topic ideas.
Create your own home cinema experience
click to find out how
LOU DOBBS
LOU DOBBS MONEYLINE Quick Vote
Do you believe senators and congressmen should voluntarily take lie detector tests about whether they leaked classified information on the September 11 attacks?
Yes
No
View Results
vote
CNN.com TOP STORIES
WTC land swap proposed
CONNIE CHUNG TONIGHT
Hard News. Human touch.
SEARCH GO
MAIN PAGE
WORLD
U.S.
WEATHER
BUSINESS
SPORTS
POLITICS
LAW
SCI-TECH
SPACE
HEALTH
ENTERTAINMENT
TRAVEL
EDUCATION
IN-DEPTH
E-MAIL SERVICES
Are you a wireless user?
Summer Movies
The page ca
There is a problem
QUICK NEWS
LOCAL
COMMUNITY
MULTIMEDIA
E-MAIL SERVICES
CNNtoGO
ABOUT US/HELP
CNN TV
what's on
FORTUNE
FREE TRIAL
CLICK HERE
ENTERTAINMENT
Updated: 01:04 PM EDT 17:04 GMT -- 3 Aug 2002
SHOWBUZZ
Spears' papa packs pistol
McCartney's wife was homeless
Minogue tours in homeland
Denzel directs 'Fisher Story'
PEOPLE.COM: Today's photos
Play Fantasy Football
Try 4 issues of SI!
Entertainment Weekly
Shop our Specials
TOP STORIES
Blair protester is rock star's son
Paper: Museum gets record gift of postwar art
Review: 'Signs' a thrilling ride
InStyle.com Steal This Look: Jennifer Esposito
WIDESCREEN TV GO
PHILIPS
Bobby Bare Jr.: Rock's shackles
Singer-songwriter Bobby Bare Jr. fears rock music may sputter to its grave. In a provocative new song, he explains why.
"This letter is addressed to Mr. Pete Townshend/ Hey brother I write you to say thanks for nothin'/ Your generation used up all the feelings/ And if we rock it looks like we're ripping you off," he sings on "Dig Down," a song that's both a cry of frustration
FREE Download! Netscape Browser.
Netscape

5

4

야후 야후 하니?

야후!의 설립자는 그 네임을 그들이 야후의 정의를 좋아하기 때문에 선택했다. "무례하고, 세련되지 못하고, 투박하다" "야후"는 조나단 스위프트의 소설 걸리버 여행기에 나온 말이다.

그러나 그들 자신의 비니지스 여행은 투박함과는 거리가 멀다. 브랜딩의 이러한 유형이 인터넷 서퍼들에게 소구한다 할지라도, 이들은 기존의 인습과는 다르며 반체제 문화적으로 나타나기를 좋아한다(그 매체가 벗겨버리듯이).

야후! Inc.는 이제 전 세계적으로 매달 237백만명 이상의 개인들에게 서비스 네트워트, 종합적이며 브랜드화된 네트워크를 제공하는 글로벌 인터넷 커뮤니케이션, 커머스, 그리고 미디어 회사를 이끌고 있다. 모든 서비스는 브랜드를 구별짓는 외관과 느낌을 만들어냈다. 그것은 정보에 권위를 부여하는 자원과 믿음을 연결시킨 컬러, 재미, 다양성, 혁신, 그리고 스피드를 말한다.

회사의 혁신 가운데 하나는 고객들에게 그들 자신의 커뮤니티를 야후! 브랜드 아래 만들도록 하는 것이었다. 그래서 그들 자신의 열정, 관심 그리고 만나기 위한 세계의 개인들을 내보이도록 허락하는 무료 서비스를 제공하고 있다. 이를 통해 야후!는 연상에 의해 그들 고객들의 무한한 개성들을 채용할 수 있다.

2

1

1 | 2 | 3 | 4
야후!는 디자인에 있어서 흥분과 친숙함의 감정을 사용하면서 그들의 인터페이스를 심플하고 명확하도록 디자인해왔다. 가장 눈에 띄는 그들 브랜딩의 단면은 사용자가 선택한 서비스가 무엇이건 간에(로컬 리스팅, 메일, 쇼핑 또는 비즈니스이건간에), 인터페이스는 거의 정형화되어 보인다. 사용자는 자신이 야후!와 함께 있는 곳을 안다.

3

YAHOO! SHOPPING
Shopping Home - Yahoo! - Help
Four ways to shop: Shopping Used Auctions Classifieds
Welcome, guest
My Shopping Account - View Cart - Sign In
Yahoo! Shopping
BACK TO SCHOOL
• Palm Student Offer from Palm Store
• HP Laptop from Wal-Mart
• Shop For It All from Macy's
What's New: 1.3 MP Canon Digital, $199 · Win a free bridal gown · Big Values on Home Décor
What's Hot: Design Your Own Jewelry · Bargains, Outlets & Savings · Xbox Only $199.99! · Sell Stuff
Find Products
Search
GODIVA
Chocolatier
View our specially priced items
FREE SHIPPING center
Check it Out
Featured Stores
Gateway
CDNOW
DELL
babystyle
MATERNITY • BABY
GAP gap.com
SONY
kmart.com
Mom's Favorite: Kmart.com
Strollers and bibs. Jumpers and mobiles. Besides a little sleep, every new mom needs plenty of help making baby happy. Give her a hand at

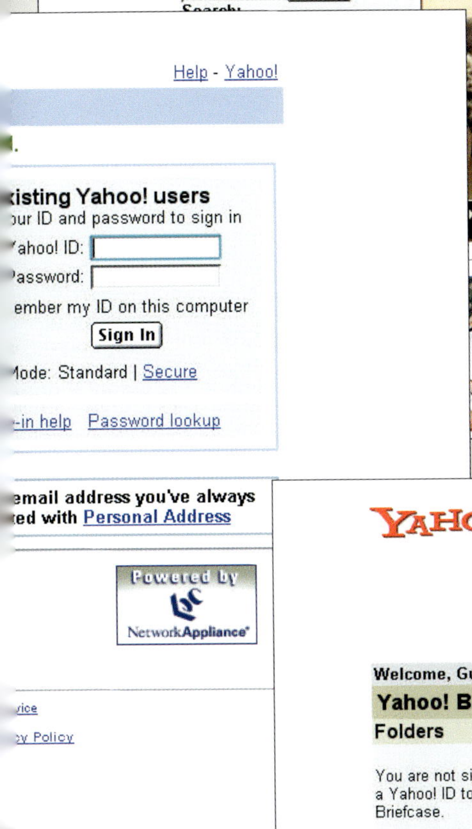
Help - Yahoo!
xisting Yahoo! users
our ID and password to sign in
Yahoo! ID:
Password:
ember my ID on this computer
Sign In
Mode: Standard | Secure
-in help Password lookup
email address you've always
ed with Personal Address
Powered by
NetworkAppliance
vice
cy Policy

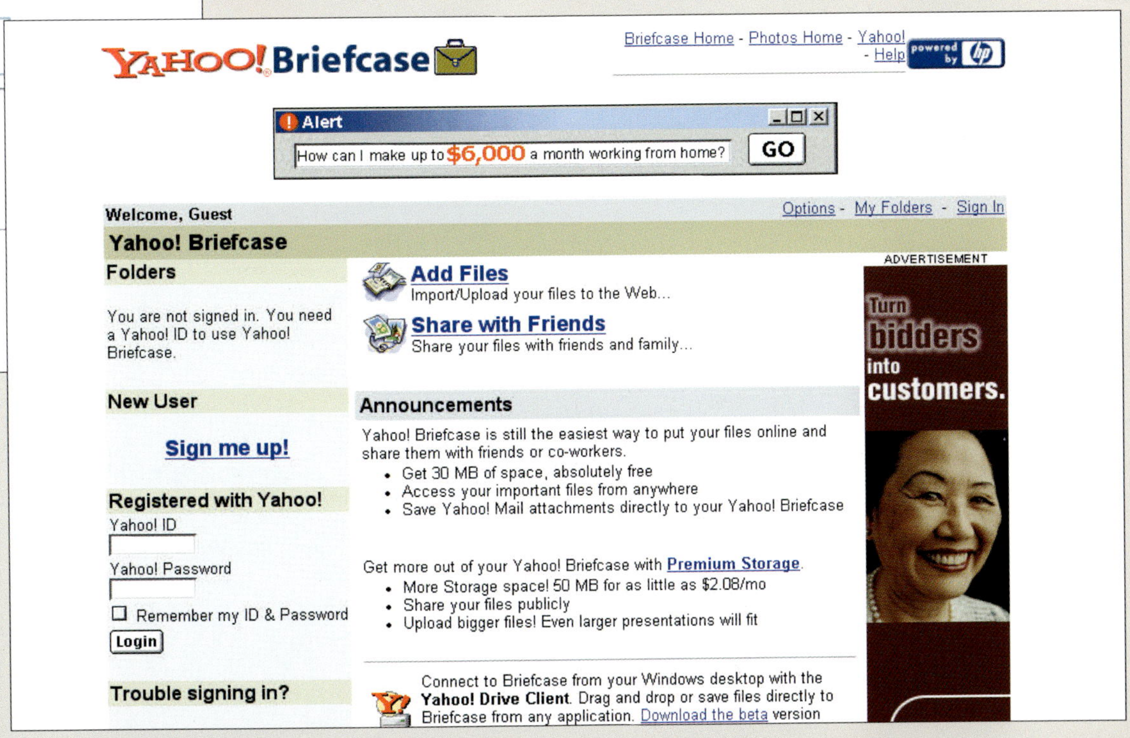
YAHOO! Briefcase
Briefcase Home - Photos Home - Yahoo! - Help
powered by hp
Alert
How can I make up to $6,000 a month working from home? GO
Welcome, Guest
Options - My Folders - Sign In
Yahoo! Briefcase
Folders
You are not signed in. You need a Yahoo! ID to use Yahoo! Briefcase.
New User
Sign me up!
Registered with Yahoo!
Yahoo! ID
Yahoo! Password
Remember my ID & Password
Login
Trouble signing in?
Add Files
Import/Upload your files to the Web...
Share with Friends
Share your files with friends and family...
Announcements
Yahoo! Briefcase is still the easiest way to put your files online and share them with friends or co-workers.
• Get 30 MB of space, absolutely free
• Access your important files from anywhere
• Save Yahoo! Mail attachments directly to your Yahoo! Briefcase
Get more out of your Yahoo! Briefcase with Premium Storage.
• More Storage space! 50 MB for as little as $2.08/mo
• Share your files publicly
• Upload bigger files! Even larger presentations will fit
Connect to Briefcase from your Windows desktop with the Yahoo! Drive Client. Drag and drop or save files directly to Briefcase from any application. Download the beta version
ADVERTISEMENT
Turn bidders into customers.

4

델 관계는 왕

델 컴퓨터는 "관계는 왕"이라는 모델의 고전적 사례이다. 1980년대 초기에 텍사스 오스틴의 기숙사 방에서 마이클 델은 컴퓨터를 만들고 팔기에 더 나은 방법에 대한 통찰력을 가지고 있었다. 그는 PC들을 대중적으로 생산하여 소매상들을 통해 파는 것보다 오히려, 채널을 무시하고 고객들과 직접 거래를 하기로 결정했다.

이러한 비즈니스 모델은 델에게 두 가지 이점을 제공했다. 첫째, 브랜드는 주문자가 직접 받도록 시도함으로써 제조비용을 낮출 수 있다. 둘째, 브랜딩 인식으로부터 좀더 중요한 것으로, 델은 고객과의 직접 대화를 시도하였다. 이것은 지속적으로 회사가 고객들에게 더 잘 서비스를 제공할 필요가 있으며, 이를 위해 피드백이 필요하다는 점을 인식한 것이다.

그 결과는 강력한 관계 사이클과 가치로 나타난다. 이러한 직접 연결은 군중으로 가득 찬 시장에서 델 브랜드의 기둥으로 역할을 하고 있다. 다양한 선택의 기회가 주어지는 곳에서 사람들은 종종 브랜드 디자인이 말하는 것을 선택한다.

1 | 2 | 3 | 4 | 5 | 6
델의 철학은 그들의 모든 작업의 중앙부에서 그들 고객 들을 유지하는 것이며 가치를 전달하는 것이다. 대중과 많은 위대한 경쟁자들이 가득 찬 시장에서 델의 철학은 그들의 커뮤니케이션 구조(경영가치로부터 제품 그 자체에 이르기까지)를 통해 울려 퍼진다.

2

3

5

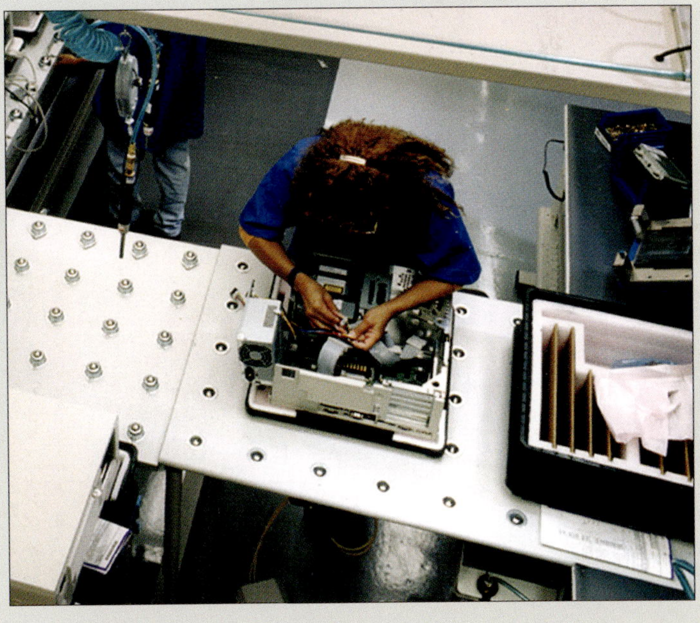

4

월마트 매일 낮은 가격

알칸사스, 로저스의 조그만 마을에서 샘 월튼은 세계2차 대전의 말기에 월마트를 만들었다. 첫 번째 상점을 오픈했을 때, 그것은 한개 단위의 아울렛에 지나지 않았다.

고객들에게 매일 낮은 가격에 대한 가치를 만들어주겠다는 샘 월튼의 열정은 **월마트** 4개의 소매 디비전을 만들게끔 했다. **월마트** 수퍼센터, 시드카운트 스토어, 네이버우드 마켓 그리고 샘의 클럽 도매점. 소매 디자인과 이들 다른 형태의 상점들은 다양한 고객들의 가치와 니즈를 반영하였다.

몇 년 이후에 **월마트**는 좋건 나쁘건 간에, 대중시장으로 팔릴 수 있는, 그리고 팔릴 수 있는 것이라고 정의되는 것에 대한 세계의 커다란 소매업자들을 잡아채는 것을 고려하는 것을 중요한 초점으로 삼았다.

그러나 그들 브랜드 디자인은 모든 것을 말해준다. 기능적이며, 실질 본위의 레이아웃과 인포메이션 디자인은 고객들에게 그들이 원하는 것을 제공하며 그들에게 그것을 어디에서 찾아야 할지를 말해준다. 회사는 그것에 대한 비평을 가지고 있다. 그러나 그것의 성공은 충분히 정직한(최신유행, 중요한)것의 힘을 증명한다. 가장하지 않는 브랜드 디자인은 그것이 말하는 것을 할 뿐, 그 이상은 아무것도 하지 않는다.

1

2

1 | 2
월마트는 타깃 소비자에게 형태의 실행을 조화롭게 이루면서(네이버우드 스토어로부터 디스카운트 도매점에 이르기까지), 그들의 다른 형태에서의 독특한 소매 경험을 만들기 위해 관리하고 있다.

3

4

3 | 4 | 5 | 6
월마트에 대한 모든 것은 기능을 말한다. 고객들은 절약을 믿는다. 월마트가 그들 상점을 유지함으로써 실행하는 것들(그들에게 간결함이 전달되고, 근본적인 컬러 스킴, 견고한 기본적인 타이포그래피의 사용)은 그들의 가장 기본적이며 최소한의 경비 수준이라는 것을 유지하는 모든 것의 감각을 반영한다.

5 6

3M 혁신의 1세기

3M의 성공은 그들 고객들이 안고 있는 문제에 대한 독특하고 혁신적인 해결을 제공하는 능력으로부터 기인한다. 3M은 1902년에 바퀴를 가는 연마제를 위한 미네랄 침전물 광산을 시작했던 5명의 비즈니스맨에 의해 설립되었다. 그 침전물은 조그만 가치가 있다는 것을 증명했고 새로운 미네소타 마이닝 앤드 매뉴팩쳐링(미네소타 광산과 제조회사) 회사(3개의 M의 이름)는 재빠르게 그 당시에 샌드페이퍼를 생산하고 다른 혁신적인 제품들을 생산하는 방향으로 움직였다.

3M 브랜드는 눈에 띄는 빨간 로고를 가진 포스트잇, 스카치브라이트, 스카치 그리고 스카치가드와 같이 귀중한 자산을 가지고 있다. 1977년에 3M은 그것의 분리된 모든 브랜드들이 세계 전역에서 사용되도록 엄브렐라 아이덴티티를 형성하고자 하였다.

이것은 영리한 전략으로 증명되었다. 첫째, 회사는 그들 제품을 다른 사람들이 말하도록 만들었고 그것은 매일 문제에 대한 혁신적인 해결책이 되었다. 그리고 나서 회사 브랜드는 앞으로 나아갔다. 제품은 민첩하게 엄브렐라 목표 아래 새롭게 디자인되었다. 이제 3M은 고객들이 올바른 선택을 했다고 여길 때 인정하는 혁신과 품질의 뱃지이다. 3M 브랜드에 있어 의식적으로 고객들이 기대하지 않을지라도 이러한 진실은 다른 제품들에게도 전이되었다.

1

2

3

4

6

5

1 | 2 | 3 | 4 | 5 | 6
3M의 초점은 사람들과 제품 둘 다에 있다. 그들은 명백히 시장에서 혁신자로 포지셔닝 되어 있다. 라이트 매니지먼트(발광체 처리), 필림 솔류션(필름 용해제), 연료 셀(연료 전지) 또는 라이트 파이버(광섬유) 등이 혁신의 증거이다.

코카콜라 브랜드 중의 브랜드

"진짜"에서 "상쾌한 순간", 그리고 단지 "즐겨라"에 이르기까지, 예외적 캠페인과 고전적 디자인은 **코카콜라**가 그 자신을 세계의 리딩 브랜드중 하나가 되도록 하는 것을 도왔다. 코크와 산타클로스(코크-빨간 외투를 입은)는 서구의 많은 사람들 마인드에 연결되어 있다.

코크의 브랜딩은 어떻게 그것이 행해졌는가를 보여주는 실제 사례이다. 맨 처음 로고는 1세기에 걸쳐 거의 변하지 않았지만, 로고의 컨텍스트는 예민하게 해를 거쳐 조금씩 개선되었다. **코카콜라**는 영원히 **코카콜라** 캔으로 남아있을 수 있다. 그러나 21세기 버전은 그것의 뚜렷한 모든 요소들(로고와 코크 레드)을 유지하면서 영리하고 상호 연관적이며, 최신 유행을 나타낸다.

코크 병은 오리지널 아이코닉 패키지 디자인 중의 하나였다. 이것은 성공의 정도를 시시각각으로 변화하기 위한 것이었으며, 그것이 맨 처음 나타난 이후 많은 회사들에 의해 모방된 전략이었다.

1 | 2 | 3 | 4 | 5
대부분의 브랜드가 성취하기를 열망하는 방법에 있어서 컬러, 모양, 폰트, 외관, 그리고 제품 그 자체는 시간과 경쟁의 테스트를 모두 잘 이겨왔다. 코카콜라가 매우 어렵고 경쟁적인 시장에서 성취하기 위해 관리해온 것을 정의하기는 이것을 제외하고는 다른 방법이 없다.

1

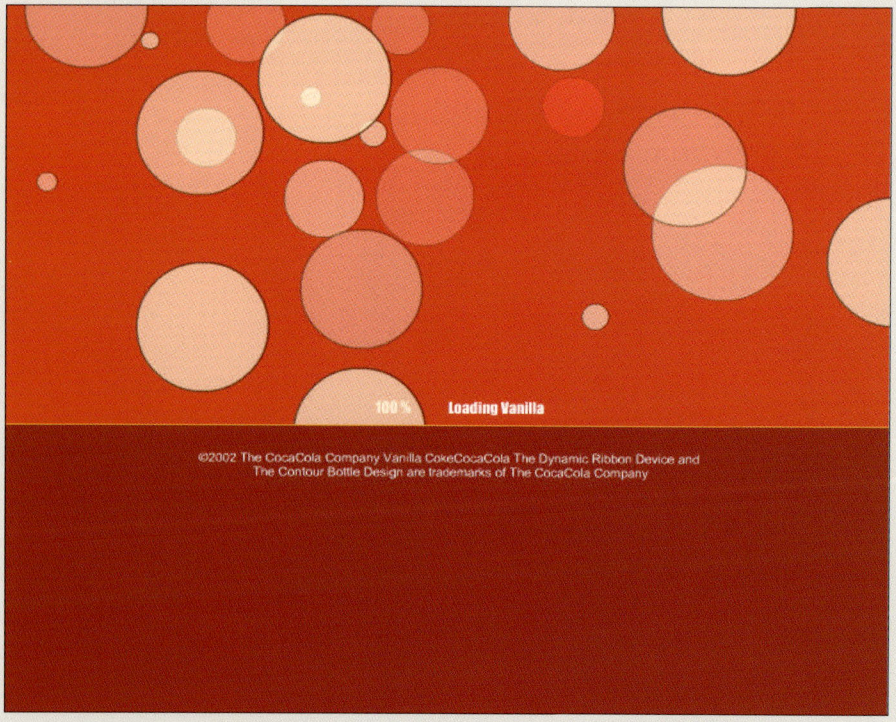

3

4

SHOP
COUNTRY SITES
CONTACT US
SITEMAP
American Idol
Vanilla Coke
HOME
OUR COMPANY
CITIZENSHIP
INVESTORS
PRESS CENTER
CAREERS
CONTACT US
SITEMAP
Our Company
What's New
Our Beliefs
Our Diversity
Leadership
Our Brands
Around the World
Our Heritage
About Bottling
Supplier Guiding Principles
go there »
WELCOME TO COCA-COLA
The Coca-Cola Company exists to benefit and refresh everyone who is touched by our business. Founded in 1886, our Company is the world's leading manufacturer, marketer, and distributor of nonalcoholic beverage concentrates and syrups, used to produce nearly 300 beverage brands. Our corporate headquarters are in Atlanta, with local operations in nearly 200 countries around the world.
Our local strategy enables us to listen to all the voices around the world asking for beverages that span the entire spectrum of tastes and occasions. What people want in a beverage is a reflection of who they are, where they live, how they work and play, and how they relax and recharge. Whether you're a student in the United States enjoying a refreshing Coca-Cola®, a woman in Italy taking a tea break, a child in Peru asking for a juice drink, or a couple in Korea buying bottled water after a run together, we're there for you.
2001 ANNUAL REPORT
VISIT OUR NEW MYTHS AND RUMORS
INTERESTED IN DOING BUSINESS WITH US?
MORE TO EXPLORE...
» Principles Of Citizenship
» Press Center

2

173

Vanilla Coke
MUTE
Dynamic Ribbon Device and
CocaCola Company
©2002 The CocaCola Company Vanilla CokeCocaCola The Dynamic Ribbon Device and
The Contour Bottle Design are trademarks of The CocaCola Company

5

코닥 순간의 공유, 인생을 나누자

1888년, 조지 이스트맨은 "당신은 버튼을 눌러라, 우리가 그 나머지를 하겠다"라는 슬로건과 함께, 최초의 베이직 포터블 카메라 중의 하나를 세상에 내놓았다. 그렇게 하는데 있어서, 그는 귀찮고 복잡한 과정의 것을 거의 모든 사람들에게 접근할 수 있고 사용하기 쉽게 만들었다.

수년을 통해, 코닥은 새로운 제품과 과정의 풍부함과 함께 길을 이끌어왔다. 이것은 사진기술을 보다 심플하게 했으며, 보다 쓸모있게 그리고 좀더 즐겁게 만들어 왔다. 모든 브랜드가 다가올 수년 동안의 로얄티를 위한 토대로서 제공할 그들 고객들과의 강력한 연결고리를 만들 수 있는 것은 아니다. 그러나 코닥은 단지 그렇게 관리해왔다.

코닥 브랜드는 항상 사용의 용이성, 품질과 신뢰 그리고 사진을 찍고 공유하는 정서적 경험을 상징한다.

브랜드의 컬러 스킴과 단순한 로고는 사진과 연관된 모든 서비스에 걸쳐 품질에 관한 코닥의 인장으로 확장되었다.

1

2

1 | 2
코닥은 세계적으로 공유, 행복, 그리고 혁신을 상징하는 단어가 되었다. 심플한 추상적 단어는 그것이 시작된 이후로 오늘날까지 전 지구적 힘으로 변형되고 있다.

3 | 4 | 5 | 6
디지털 사진의 증가에 따른 대중성이 코닥을 강압하고 있다는 것은 의심할 여지가 없다(전통적이며, 필름에 근거한 회사인 코닥에게, 혁신적이며 창의적이라고). 코닥 브랜드는 이러한 울림(파장)을 가지고 있다. 디지털 이미지의 세계로의 부분적 변화는 친숙한 로고에 의해 도움을 받을 것이라는 것에 대해 거의 의심할 여지가 없다.

3

4

6

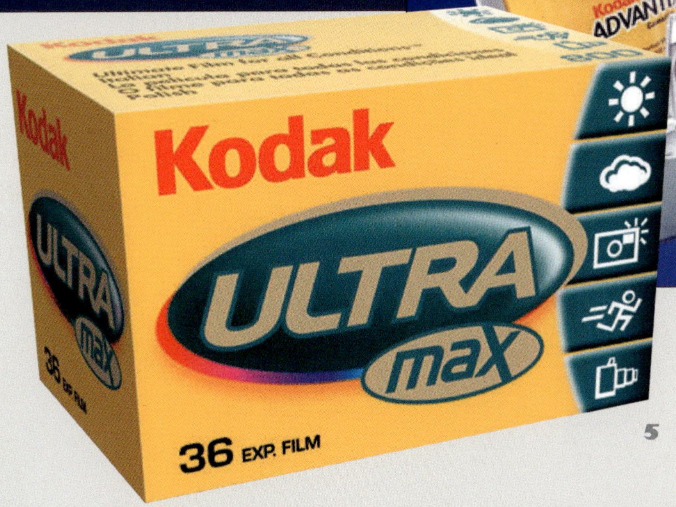

5

나이키 저스트 두 잇

나이키, 그리스 승리의 여신을 따라 이름이 붙여졌다. 이것은 차고에서 시작되었다. 이러한 "너 자신이 직접 해라"의 미적 가치관과 함께, 제품이 나이키에 관한 것의 중요한 부분이라는 것은 놀라운 일이 아니다.

나이키는 아이디어를 확장했으며, 그것을 목표로 정하였다. 이제는 "그냥 하면 되는 거야"는 회사의 로얄 추종자들에게 어필하고 있다. 그들은 그들이 브랜드의 가치를 구매함으로써 자유분방한 정신을 적용할 수 있다는 것을 느낀다.

나이키의 비즈니스는 확실히 열망적인 것이다. 나이키는 탁월함을 상징한다. 단지 그것의 제품에 있는 것이 아니다. 나이키의 스워쉬(휙 지나가는 소리, 쉭 하고 발사하다) 심벌

1

4

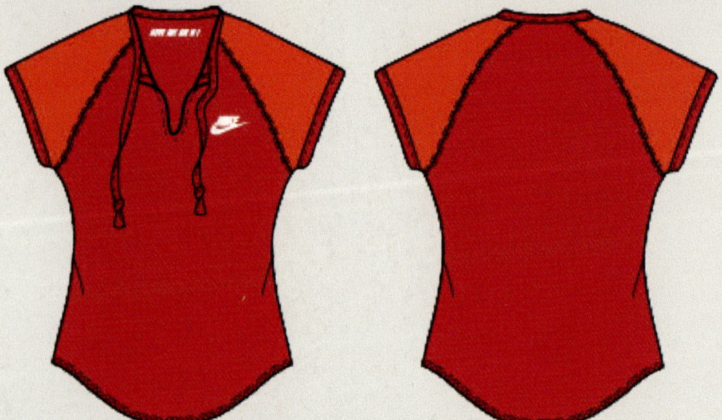

2

3

은 높은 프로필의 성취자들 모두에게 있어 승인 점검의 표시이다. 그리고 그들에 관한 것의 부분으로서 나이키 룩을 채택하는 스포츠 영웅들에게도 마찬가지이다.

런던과 뉴욕에 있는 나이키타운은 궁극적으로 브랜드 확장을 의미한다. 그곳을 방문하는 충성스런 이들을 위해 그곳은 마치 '집에 온' 것 같다. 그렇지 않은 추종자들에게는 그들이 그것을 알지 못한다 할지라도 그곳은 그들에 관한 진술문을 남긴다. 비신봉자들에게, 그곳은 생활의 한 방편으로서 신발 가게이다. 어찌되었건 나이키는 승리한다.

온라인을 통해, 그들에게 그들 자신이 선택한 컬러로 신발을 주문할 수 있도록 함으로써 브랜드는 고객들에게 그 안에 더 들어 올 수 있도록 허락한다. 가격은 비싸지만, 도매(대량 판매)로 사는 사람들에게 있어서 클럽풍의 미학과 스포츠를 즐기며, 유명한 신발 위의 그들의 이름이 명성의 발걸음 위에 있는 스타와 함께 하는 자리를 사는 것이다.

6

5

1 | 2 | 3 | 4 | 5 | 6
신발과 스포츠웨어를 하나의 라이프스타일로 만드는 것은 쉬운 일은 아니다. 그러나 거친 경쟁 그리고 제품의 거대한 범주에 있어서의 수요에도 불구하고 이것을 요구하는 고객들을 토대로 나이키 위류와 스포츠웨어는 오늘날 그들 타깃 소비자에게 가장 높은 상을 받고 있다. 회사는 스포츠에 있어서 성공, 노력, 강인함, 결단력과 같이 모든 좋은 가치를 반영한다.

스타벅스 더블 스키니 라떼

커피에 관심을 가지고 있었지만, 한 잔의 맛있는 커피를 제대로 즐기지 못했던 제리 볼드윈과 고든 보우커, 그들은 1971년에 최초의 **스타벅스**를 설립했다. 그러나 하워드 슐츠가 진정으로 브랜드의 잠재성을 극대화하였다. 그가 1982년에 CEO로 합류하고 비즈니스에 있어서 새로운 기준을 만들었다.

스타벅스는 단지 커피에 관한 것 이상이다. 그것은 커다랗게 쓰인 브랜드 디자인에 관한 것이며, 거의 상품 제품에 가까운 것이 모든 거리의 코너에서 완벽한 경험으로 바뀐 것이다.

브랜드의 독특함의 열쇠는 **스타벅스**가 그들 자신의 언어를 커피 마시는 세상에서 만들었다는 것이다. 브랜드를 살리기 위해 그들이 커피에 요구하는 방식을 변화시키는 한도까지 고객들을 끌고 간 것은 꽤 훌륭한 업적이다.

카페는 말하고, 쉬고, 읽고 그리고 지나가는 세상을 보기 좋은 위치에서 맛있는 커피 한잔을 발견하고자 하는데 이용된다. **스타벅스**는 그것의 라벨을 생활의 방식 위에 붙였다. 그리고 거리의 코너를 샀고 그것을 공급하기 위해 커피콩을 샀다. 설사 그것을 깨닫지 못한다 해도 경험은 동일한 것이며, 그 라벨을 입고 그 언어를 말하게 된다.

그리고 만약 **스타벅스** 커피를 좋아한다면, 어느 곳에서든지 그곳을 발견할 수 있다는 것을 알게 된다. 브랜드를 디자인하길 원한다면, 커피의 모비딕, **스타벅스**를 찾아가 보는 것이 좋을 것이다.

1 | 2 | 3 | 4 | 5
올바른 소매 계획을 통해서 뿐만 아니라 분위기에 의해서 경험을 만든다는 것(물론 올바른 제품을 통해서), 그것은 스타벅스 경험이 그들 고객들에게 특별함을 만든다는 것이다. 그래서 그들의 고객이 다시 방문할 것이라는, 극도의 자신감은 선택에 따라 어떤 스타벅스에서도 사용할 수 있는 스타벅스 카드까지 만들게 되었다.

3

4

5

워커스 매스 마켓을 위한 프리미엄 브랜딩

포테이토 칩에 있어서 영국의 마켓 리더, 워커스는 그들이 단지 젊은이들이나 가족을 겨냥한 시장을 위한 것이 아니라는 것을 깨달았다. 그들은 소비자들이 어떤 브랜드를 선택하는 핵심 이유는 맛이라는 것을 인지했다. 그래서 그들은 어른을 위한 새로운 범주를 개발했다(워커스 센세이션스).

글로벌 브랜딩 컨설턴드인 랜더는 워커스의 팩을 디자인했다. 이미지를 위한 영감은 포테이토 칩이 유명한 요리사의 손으로 만들어진 것이라는 것을 기대하도록 하였다. 디자인, 컬러 그리고 이미지들은 출처에 초점을 맞춘 것과 함께 만들어졌다.

최근 몇 년 동안에 워커스의 심플하고 컬러 코드화된 브랜딩은 맛에서 정상적으로 연상되는 컬러를 바꿈으로써 강력한 효과를 거두었다. 먼저 UK와 인터내셔날 축구 스타 게리 리네커를 TV 프리젠터로 내세웠다. 그는 또한 지적인 인물이었다. 그의 '괜찮은 청년(나이스 가이)' 이미지는 브랜드에 전이되었다. 그것은 여기에 브랜드가 사람들의 기대와 함께 할 준비가 되어 있다는 신호였다. 그리고 매일 어른들에게 좀 더 어필하는 뭔가로 스낵을 만들었다.

1 | 2 | 3 | 4 | 5
상품이 주도하는 시장에서 크리에이티브한 사고는 중요한 기회를 만들 수 있다. 이것은 워커스가 새로운 브랜드를 어른들 시장으로 가져가도록 소개함으로써 입증되었다. 워커스 센세이션은 단지 맛에 있어서 혁신에 의한 것이 아니라 비교적 세련된 상품 전략과 디스플레이에 의해 영향력을 만들어냈다.

4

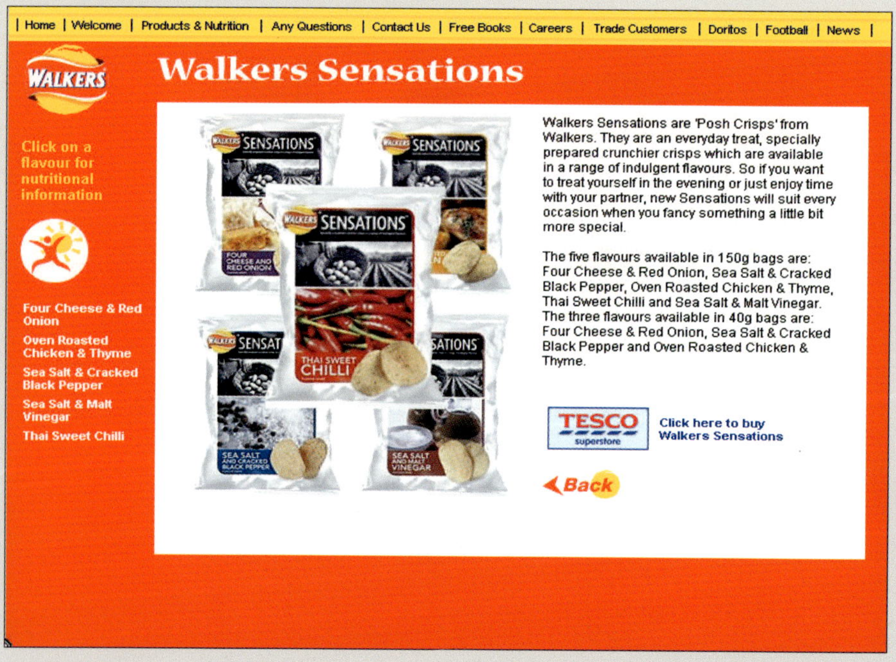

1

2

5

WELCOME TO WALKERS
News
WALKERS
Products and Nutrition
Trade Customers
Any Questions? Contact Us
WALKERS and the WALKERS logo are registered trademarks.
WALKERSSHOWCASE.CO.UK is a trademark.
©Walkers Snack Foods Ltd 2000
Site Credits
Careers | Trade Customers | Doritos | Football | News
Moneybags out on the streets
,000 top prize to be won every

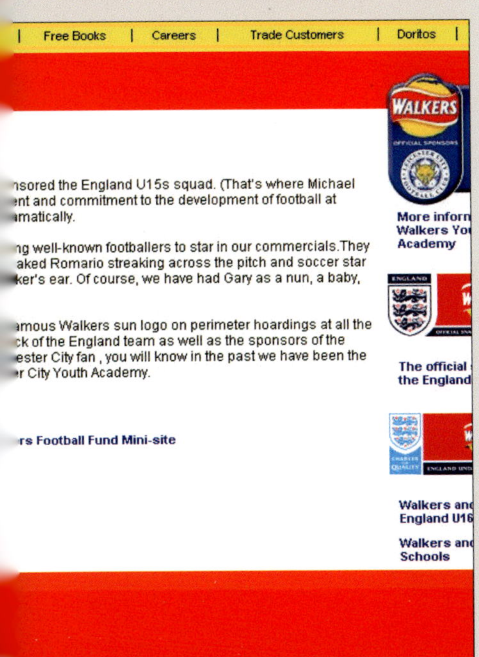
Free Books | Careers | Trade Customers | Doritos
More inform Walkers Yo Academy
The official the England
Walkers an England U16
Walkers an Schools
rs Football Fund Mini-site

Home | Welcome | Products & Nutrition | Any Questions | Contact Us | Free Books | Careers | Trade Customers | Doritos
News
See the Great New Footballs Ad Go
Show Me The Money! Go
Beef is Back Go
LENNOX v LINEKER Go
11 October 2002
News home page
Walkers Celebrate Queen's Coronation
Walkers Crisps have provided their very own dedication to the Queen's forthcoming Jubilee celebrations, by creating a brand new flavour of Walkers Crisps - Coronation Chicken flavour.
You will have to move quickly as they are a special limited edition and won't be around long! They are in the shops
LENNOX v LINEKER - The Final Blowdown
Wednesay 31st of July saw the latest Walkers ad hit our TV screens, starring none other than Gary Lineker and Lennox Lewis. In a battle of the giants the heavyweight champion of the world Mr Lennox Lewis comes face to face with Walkers Wimp, Mr Gary Lineker and guess what, it was no contest!.
Click here now for Exclusive Behind the scenes footage, The TV AD and Exclusive behind the scene photographs.
Click here to find out about the new ad
Walkers Youth Acade

3

랜드로버 계속 달리자

랜드로버는 4×4 운송수단 분야에서 리딩 브랜드 중의 하나이다. 원래의 랜드로버로부터(1948년에 런칭 된) 현재의 모델에 이르기까지 오프로드 디자인의 우수성을 상징하는 그의 역사는 혁신의 증명이다.

현재의 랜드로버 모델 범주는 디펜더, 디스커버리, 프리랜더 그리고 레인지 로버를 포함한다. 각각은 독특하고, 비상식적이 아닌 차량은 이상적으로 그들 클라이언트의 요구사항에 적합하다. 새로운 제품 라인은 영국풍의 화려함, 스타일리쉬한 모양과 디자인 그리고 최신식의 성능을 믹스한 것이다. 레인지 로버는 재발명된 것이며 그것의 고전적 모양은 21세기를 위해 개선된 것이다.

단지 디자인을 변화하고 개선한다 할지라도 그것은 레인지 로버와 같은 브랜드에 있어서는 좀더 많이 복잡한 과정이다. 그것은 이제 디자인개발의 3단계에 놓여 있다. 가장 최근의 레인지 로버는 잘 알려진 세련미를 갖춘 현대적 모양을 결합하였다. 대합조개 껍질 모양의 본네트, 수평적으로 분리된 뒷문, 그리고 똑 바로선 앞의 윈도우 라인은 끄트머리와 같은 모양을 하고 있다. 이전 모델보다 더 오래되고 길고 더 넓게, 그 새로운 레인지 로버는 좀더 공간이 있고 더 강력한 일반 포장 도로는 물론 비포장 도로에서 사용하기 위한 실체를 가지고 있다.

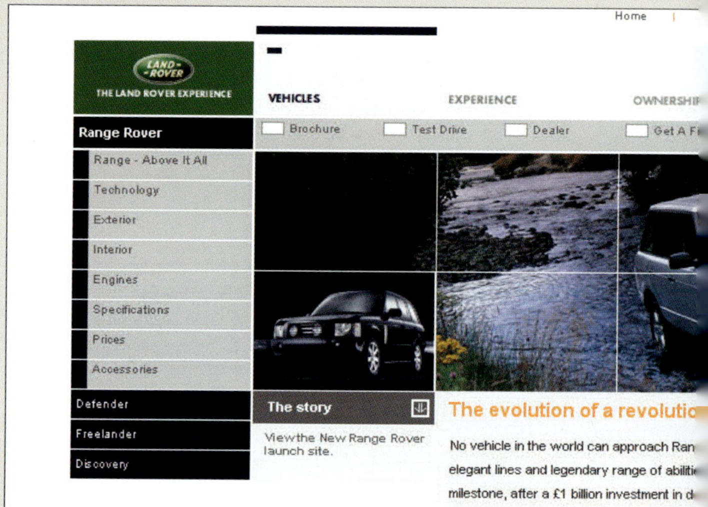

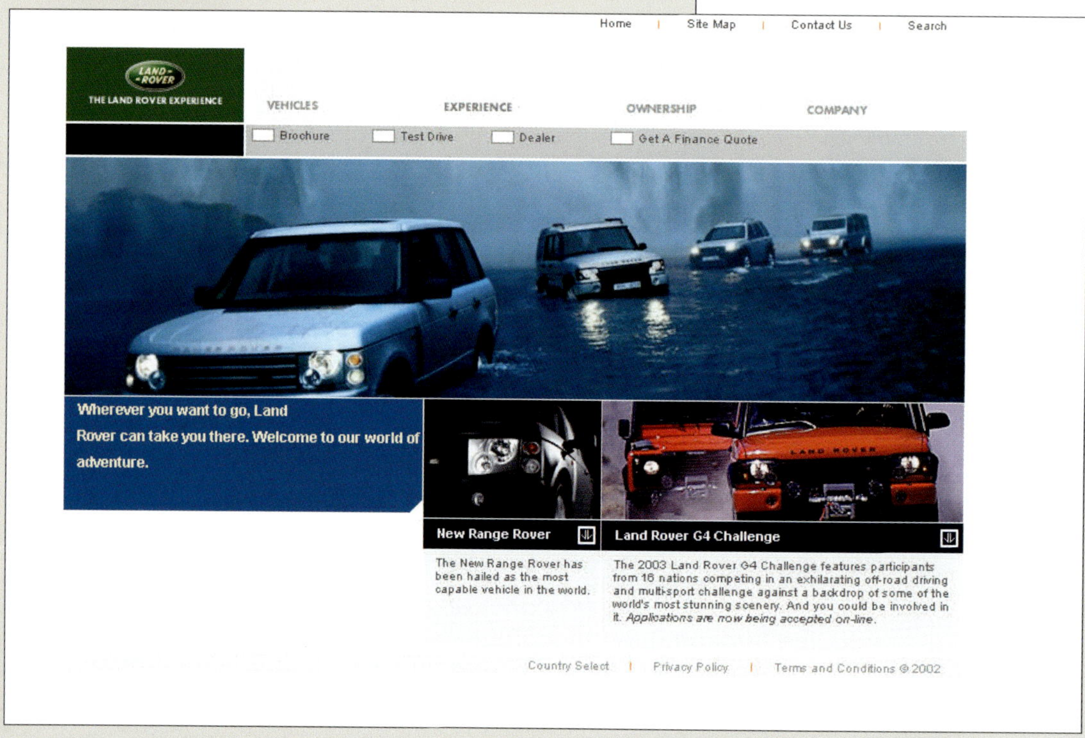

3

4

5

1 | 2 | 3 | 4 | 5
올바른 제품과 브랜드를 디자인 하는 것은 단지 식음료 분야의 소매 브랜드에 있어서만 중요한 문제는 아니다. 그것은 고객들이 정서적으로 참여하는 모든 제품들에게 어필한다. 랜드로버는 이것을 잘 알고 있다. 그리고 고객들 요구를 충족시키기 위해 그들 제품 라인을 개선하고 있다.

용어사전

용어사전

가치 브랜딩(values branding) 특정 가치를 사용하는 브랜딩의 형태, 생활방식 또는 철학 등을 그것의 메시지로 촉진한다. 나이키와 디즈니는 두개의 좋은 사례이다.

게릴라 마케팅(guerilla marketing) 어떠한 마케팅 방법은 전통적인 틀에 박힌 테크닉을 사용하지 않는다.

공동 브랜딩(cobranding) 두개의 브랜드(구성을 이루는 브랜드)가 일반적인 브랜드 포지션 또는 브랜드 둘 다를 수행하는 제품을 만드는 보완적 제품 둘 다를 공유하는 방법

관계 브랜딩(relationship branding) 소비자와의 1대1 관계에 많이 의존하는 브랜딩의 형태. 관계 브랜딩은 보통 개성화와 관련이 있다. 소비자 개인의 세세한 것들이 유지 되고 규칙적으로 업데이트 된다. 예를 들면 아마존은 고객의 이전 구매 기록을 유지하고 관심 있는 다른 타이틀을 제안하기 위해 그들의 데이터베이스 상에서 교차 조회하는 시스템을 사용한다.

기업 브랜드(corporate brand) 특정 제품에 반하여 실제 회사 또는 기업의 브랜드 아이덴티티를 서술하는 데 사용되는 용어(메르세데스 또는 유니레버와 같은). 기업 브랜드는 또한 다른 비즈니스에 제공되는 서비스를 서술하기 위해 사용될 수 있다.

네이밍 매트릭스(naming matrix) 브랜딩에 있어서, 매트릭스는 브랜드 네임의 컨셉적 포지셔닝을 도식화한 것이다. 네임은 4개의 카테고리로 나뉜다. 정서적(emotive), 추상적(abstract), 영감적(inspirational) 그리고 서술적(descriptive).

로고(logo) 단어, 문자 또는 심벌, 제품의 물리적 브랜드를 함께 구성하는 것. 대부분의 로고는 브랜드의 제품 또는 서비스의 그림을 넣은 표기이다. 몇몇 로고들은 모토 또는 문구를 표현한다.

무드 보드(mood board) 브랜드 아이덴티티의 비주얼 표기. 그것은 컬러 팔레트, 패브릭 스워치, 타이포그래피 그리고 제품을 표기한 어떤 다른 요소들을 보여준다.

바이러스 마케팅(viral marketing) 인터넷 광고 캠페인. 개인이 제품, 또는 게임, 애니메이션 또는 비디오와 함께 연상되는 재료를 보내는 것에 의존한다. 그는 차례로 그것을 더 많은 친구에게 보낸다.

배너 광고(ad banner) 웹페이지상의 스틸 또는 애니메이트 그래픽 광고물. 제품, 브랜드 또는 기업을 광고하기 위해 사용된다. 배너광고는 여전히 웹상에 있어서 가장 일반적인 형태의 광고물 가운데 하나이다. 그리고 모양과 사이즈에 있어서 다양성을 가지고 있다.

배너(banner) 광고로서 활용하는 그래픽 이미지, 이것은 전형적으로 웹페이지의 상단에 걸쳐 있거나 또는 디자인된 광고 스페이스에 위치한다. 배너는 보통 특별한 물리적 차원, 파일 사이즈 그리고 파일 형태에 따른다.

버튼(button) 클릭할 수 있는 그래픽, 일반적으로 새로운 페이지를 로드할 때 사용되거나 몇몇 다른 인스트럭션을 실시할 때 사용된다. 몇몇 경우에 버튼은 광고물로 사용될 수 있다.

브라우저(browser) www 상에서 서버로부터 콘텐츠를 다운로드하는 어플리케이션, 그리고 나서 그것을 웹페이지의 형태로 유저에게 디스플레이 한다. 가장 넓게 사용된 브라우저는 마이크로소프트의 인터넷 익스플로러와 네스케이프의 네비게이터 이다. 브라우저가 웹페이지를 디스플에이하는 방법 사이에는 차이가 있다.

브랜드 가치(brand value) 금전적 프리미엄. 그것은 그것에 과다비용을 기꺼이 지불할 의사가 있는 특정 브랜드에 대해 소비자 충성을 가지는 것으로부터 얻는다.

브랜드 개성(brand personality) 인간의 특성에 관해 표현된 브랜드의 이미지 또는 아이덴티티. 예를 들면, 젊은, 오래된, 따뜻한 등등. 브랜드의 개성을 규정하는 것은 타깃 소비자들을 브랜드와 함께 보다 가깝게 연관시키는 것을 돕는다.

브랜드 관리(brand management) 브랜드 자산을 증가시키거나 유지하기 위한 특정 브랜드의 전략적 관리. 브랜드 관리는 브랜드 아이덴티티의 디자인, 브랜드 효율성의 모니터링 그리고 브랜드 아이덴티티에 대한 적합한 적용 등에 관계된다(만약 필요하다고 생각된다면).

브랜드 광고(brand advertising) 광고의 형태는 브랜드의 가장 선호하는 이미지를 만들기 위해 디자인된다. 그리고 특정 제품의 영역에만 국한된 것이 아니라, 제품과 서비스의 전체 영역에 해당된다.

브랜드 속성(brand attributes) 의도적이건 아니건 간에 인식은 그들 고객의 마인드 내에서 브랜드가 창조된다. 상이한 사람들은 그들의 사회경제적 환경에 따라 브랜드에 다양한 방법으로 반응할 것이다. 그러므로 동일한 브랜드 속성은 긍정적 또는 부정적 연상을 만들 수 있다.

브랜드 슬로건(brand slogan) 특정 브랜드를 재강화 또는 회상시키는 즉각적으로 인지될 수 있는 문구. "그것이 없다면 집을 떠나지 마라"는 효과적으로 소비자들이 여행을 할 때 아메리칸 익스프레스를 연상시키는 것을 돕는다.

브랜드 아이덴티티(brand identity) 브랜드 전략가가 특정 브랜드에 부과하기를 원하는 계획적이며 긍정적인 연상. 브랜드 아이덴티티는 브랜드와 소비자 사이의 관계를 형성하는 것이 열쇠이다. 브랜드 아이덴티티는 브랜드 이미지와 혼동되어서는 안 된다. 전자가 브랜드 소유주가 브랜드를 어떻게 인지시키기를 원하는 가에 관한 적극적인 전략이라면, 브랜드 이미지는 어떻게 소비자들이 그 브랜드를 인지하는 가이다.

브랜드 아키텍쳐(brand architecture) 브랜드 포트폴리오의 실행. 대부분 일반적으로 그것은 기업 브랜드와 서브(계열) 브랜드 사이의 관계를 정의하거나 기업 브랜드와 그것의 메인 제품과 서비스의 관계를 정의한다.

브랜드 에센스(brand essence) 브랜드가 정의될 수 있는 근본적 성격

브랜드 오디트(brand audit) 처음에는 브랜드에 관련된 자산의 재정적 평가. 재정 보고서일지라도 종종 브랜드의 가치는 브랜드의 수익성과 거의 관계가 없다. 예를 들면 아마존 브랜드가 최근의 닷컴 벤처에서 가장 높은 인지된 가치를 가진 것 중의 하나일지라도 그것은 단지 이제 이익으로 돌아가기 시작하고 있다.

브랜드 이미지(brand image) 소비자가 특정 브랜드에 대해 가지고 있는 연상과 인식. 브랜드 이미지는 제품과 소비자 사이의 현재의 관계를 반영한다. 브랜드 이미지는 브랜드 아이덴티티와 다르다. 그것은 브랜드 전략가가 고객들의 인식에 창조하길 원하는 것을 이해하는 것이다.

브랜드 인지(brand awareness) 타깃 소비자가 특정 브랜드를 회상할 수 있는 것을 측정. 브랜드 인지에는 두개의 주요한 카테고리가 있다. 비보조 인지는 특정 브랜드의 자발적 인식이다. 반면 보조 인지는 브랜드가 리스트로부터 인식될 수 있는 것이다.

브랜드 자산(brand equity) 브랜드가 특정 제품 또는 서비스에 부가한 인지된(또한 평가적 부분으로 알려진) 그리고 실재 부동 자산 둘 다이다.

브랜드 전략(brand strategy) 브랜드 자산을 증진시킴으로서 가능한 효과적이고 효율적인 만큼 그 브랜드를 만들기 위해 브랜드 소유주 또는 디자이네이티드된 매니지먼트 팀에 의해 만들어진 전반적인 전략.

브랜드 충성(brand loyalty) 다른 유사한 개념과 비교하여 브랜드에 대한 선호도의 강도. 이것은 종종 반복된 구매행위 또는 가격 민감성에 관해 측정된다.

브랜드 평가(brand valuation) 브랜드 가치가 측정되는 과정. 이것은 브랜드의 수익뿐만 아니라 호의도 가치를 포함한다.

브랜드 포지셔닝(brand positioning) 시장의 공간은 특정 브랜드에 의해 점령된다. 브랜드 포지셔닝을 고려하면 그것은 경쟁에 의해 특정 시장의 대략적 승인을 규정하는 것을 돕는다.

브랜드 확산(brand expansion) 브랜드를 더 넓은 고객 베이스로 노출하기 위해 사용하는 테크닉. 이것은 물리적으로 브랜드의 유용성을 지리적으로 넓히는 것에 의해, 그리고 더 넓은 사람들 계층으로 소구하기 위해 브랜드를 예민하게 대체함으로써 둘 다에서 성취될 수 있다. 이것의 목적은 궁극적으로 판매를 증가하는 것이다.

브랜드 확장(brand extension) 근본적으로 만들어진 브랜드가 아닌 제품 또는 서비스 상에서 브랜드를 확장. 어떤 브랜드는 이러한 강한 인지와 아이덴티티를 가지고 있다. 그들은 시장에서 다른 제품을 가지고 성공적으로 이용될 수 있다. 한 가지 예는 포르쉐 브랜드의 확장이다. 자동차를 파는 것보다 옷, 선글라스 그리고 시계와 같은 제품을 팔기 위해 브랜드를 사용하고 있다.

브랜드(brand) 특정 제품 또는 서비스에 의한 물리적 그리고 정서적 컨셉은 쉽게 인지될 수 있다. 브랜드는 심벌, 로고, 네임 또는 트레이드마크(또는 4개 모두의 결합)이다. 그리고 그들의 목적은 고객과 제품사이의 관계를 형성 또는 강화시키는 것이다.

서비스 브랜드(service brand) 특정 서비스 제품을 서술하기 위해 사용된 이름, 만질 수 있는 제품에 반대되는 개념.

서핑(surfing) www상의 재료를 찾기 위한 행위

소매 브랜드(retail brand) 소매 아웃렛에서 사용되는 브랜딩에 주어지는 이름. 샵 또는 스토어 스페이스가 점포에서 점포로 다양할지라도, 인테리어 디자인은 여전히 정확하게 기업 브랜드를 반영해야 한다.

소비자 브랜드(consumer brand) 기업이 소비자에게 제공하는 특정 제품 또는 서비스의 브랜드 아이덴티티를 서술하는데 사용되는 용어.

수퍼스티셜(superstitial) 유니캐스트의 격자형 광고 포맷. 수퍼스티셜은 플레이백 전에 브라우저에 의해 잡힌다. 그리고 550×480 차원을 구성하고, 20초 길이에 파일 사이즈는 100Kb이다.

스카이 스크래퍼(skyscraper) 웹에 근거한 광고를 위한 일반적 형태, 보통 웹페이스 사이드에 나타나는 길고 가는 박스.

열정 브랜딩(passion branding) 제품이 강력한 열망과 드라이브를 형성하는 브랜딩의 형태. 열망적 브랜딩과 유사한 패션 브랜딩은 페라리와 롤렉스와 같은 기업들에 있어 잘 활용된다.

이미지 속성(image attributes) 이들 요소들은 톤, 매너, 개성 그리고 필름 브랜드의 스타일을 정의하는데 도움을 준다. 종종 유사한 서비스 필름 사이에 차별화 요소이기도 하다.

인터스티셜(interstitial) 웹 사이트 상의 두개의 웹페이지 사이에 나타나는 상업 광고. 이것은 그들의 오리지널 수신자(목적지)에게 유저들을 발송하기 전에 전체 브라우저 윈도우를 떠맡는다. 이러한 발송은 5초 이내에 수행되어야 한다.

전자 상거래(e-commerce) 비즈니스 거래는 웹을 경유해 진행된다. 웹 디자인의 이러한 영역은 매우 특별하고 보안 프로토콜의 심층적 이해를 요구한다. 그리고 재정적 거래 기술을 요구한다.

접촉점(touchpoints) 브랜드와 그것의 타깃 소비자들 사이에 상호작용의 범위를 서술하기 위해 사용된 용어. 광고, POS(판매시점), 그리고 고객관리는 모두 이들 접촉점의 예이다.

지적 번영 브랜딩(intellectual property branding) 전문가 지식과 전문가에게 의존하는 브랜딩 형태. 예를 들면 기업들이 대체로 사용한다. 지적자산 브랜딩이 합법적이며 재정적 회사들이라는 것을 기업들은 전문적 지식에 대한 믿음으로서 인지될 필요가 있다.

카피(copy) 단어가 광고의 비주얼 요소를 수행하는 것. 카피는 일반적으로 복합적 메시지, 메시지가 추상적일 때 또는 슬로건이 브랜드 메시지의 핵심일 때 단어가 팔 수 있는 하이테크 설명을 가진 브랜드와 함께 사용된다.

타게팅(targeting) 특정 캠페인을 위해 특정 오디언스에게 도달하고자 하는 목표와 함께 특정 웹사이트 상에서 광고 스페이스를 구매하기 위한 실행.

트랜지트 광고(transit advertising) 버스, 택시 그리고 슈퍼마켓의 화물 자동차 등과 같이 움직이는 물체 상에 나타나는 광고의 형태

팝-언더(pop-under) 브라우저 윈도우 아래 분리된 윈도우 내에서 나타나는 웹 광고. 거기에는 사용자가 그 윈도우를 닫고 움직이고 또는 사이즈 조정을 할 때 까지 숨어 있다.

팝-업(pop-up) 브라우저 윈도우의 맨 위에 분리된 윈도우 내에 나타나는 웹 광고. 보통 제한된 기간 후에 사라진다. 팝-업은 텍스트, 그래픽, 링크 또는 애니메이션을 포함한다.

푸쉬 앤 풀 미디어(push and pull media) 미디어에 있어 두개의 주요 형태를 서술하는 용어. 푸쉬 미디어는 일반적으로 말하면 방송 미디어를 언급한다(라디오와 TV와 같은). 미디어의 이러한 형태는 단지 프로그램을 산출하고 소비자들이 보거나 듣거나를 선택한다. 풀 미디어는 미디어 간의 상호작용을 원래 언급한다(인터넷과 같은). 여기에서 사용자들은 그들이 원하는 것을 찾을 수 있다.

하이퍼링크(hyperlink) 웹페이지에서 텍스트 픽쳐 버튼 그리고 사이트의 다른 부분 또는 다른 웹사이트 사이에 끼워 넣은 링크. 때때로 핫 링크(hot link)라 불린다.

URL Uniform Resource Locator. 자원의 위치자를 단일화. 웹상의 웹페이지의 독특한 어드레스, 리소스 타잎(www), 도메인 네임(company.com), 그리고 페이지 로케이터(home.htm).